U0499709

产 业 经 济 评 论
REVIEW OF INDUSTRIAL ECONOMICS

第 24 卷　第 1 辑　（总第 81 辑）

主编　臧旭恒

中国财经出版传媒集团

经济科学出版社
Economic Science Press

·北京·

图书在版编目（CIP）数据

产业经济评论. 第 24 卷. 第 1 辑／臧旭恒主编.
北京 ： 经济科学出版社，2025.3. -- ISBN 978 - 7 - 5218 -
6880 - 7

Ⅰ. F062. 9 - 53

中国国家版本馆 CIP 数据核字第 2025FX8622 号

责任编辑：于　源　陈　晨
责任校对：靳玉环
责任印制：范　艳

产业经济评论

第 24 卷　第 1 辑　（总第 81 辑）

主编　臧旭恒

经济科学出版社出版、发行　新华书店经销

社址：北京市海淀区阜成路甲 28 号　邮编：100142

总编部电话：010 - 88191217　发行部电话：010 - 88191522

网址：www. esp. com. cn

电子邮箱：esp@ esp. com. cn

天猫网店：经济科学出版社旗舰店

网址：http://jjkxcbs. tmall. com

北京季蜂印刷有限公司印装

787 × 1092　16 开　10 印张　192000 字

2025 年 3 月第 1 版　2025 年 3 月第 1 次印刷

ISBN 978 - 7 - 5218 - 6880 - 7　定价：48. 00 元

目　　录

CONTENTS

我国电商平台不公平交易行为的法律治理

王　健　吴佳旎[*]

摘　要： 电商平台实施的不公平交易行为逐渐成为威胁平台内中小电商企业生存和破坏市场竞争秩序的关键因素。实践中，电商平台实施的复杂多样的不公平交易行为大体上包括排除其他电商平台竞争的不公平交易行为、排除平台内中小电商企业与其竞争的不公平交易行为，以及对中小电商企业实施的其他形式的不公平交易行为。我国现有法律体系虽已构建了多层次的规制框架，但在不公平交易行为的概念界定、规范对象和适用机制等方面存在重叠或空白，导致法律适用混乱与执法依据不足。根据域外治理平台不公平交易行为的经验，我国应明确对涉及竞争性问题的不公平交易行为优先适用竞争法。同时，鉴于强化事前规制的数字市场竞争立法尚处于不完善阶段，建议探索设立专门的法律框架，聚焦平台公平性与透明度问题，逐步推进对电商平台不公平交易行为的有效治理。

关键词： 电商平台　不公平交易行为　公平性　可竞争性　法律治理

互联网技术的迅猛发展推动了电子商务的快速普及，电子商务已经成为我国经济增长的重要驱动力。在多样化的电子商务模式中，无论是 B2P2C（business-to-platform-to-consumer）、P2C（platform-to-consumer），或者 C2P2C（consumer-to-platform-to-consumer），平台（platform）始终处于核心地位，成为连接生产者、经营者和消费者的关键枢纽。平台不仅是交易的媒介，还扮演着规则制定与执行的角色，直接影响平台内经营者和消费者的行为。电商平台具有网络外部性和双边市场性，网络外部性所产生的正反馈效应会扩大平台经营者的优劣势差值，使马太效应越发显著。基于逐利的本性，处于优势地位的平台经营者往往会通过多种手段限制其他竞争性平台或平台内经营者与之竞争，或实施其他不公平交易行为。这些行为可能构成或者涉嫌滥用

---

* 本文受国家社会科学基金重点项目"我国反垄断执法现代化的理论阐释与实现路径"（24AFX016）资助。

感谢匿名审稿人的专业修改意见！

王健：浙江理工大学法政学院、浙江省公平竞争政策与反垄断研究院；地址：浙江省杭州市临平区康泰路 8 号，邮编 311103；E-mail：wangjian@zstu.edu.cn。

吴佳旎：浙江理工大学法政学院；地址：浙江省杭州市临平区康泰路 8 号，邮编 311103；E-mail：wujianilaw0710@163.com。

市场支配地位、垄断协议、不合理设置交易条件等形式。但平台内经营者的经营活动高度依赖于平台，这种依赖关系以及固证的难度导致极少经营者会因电商平台的不公平交易行为而选择诉诸法院。需要说明的是，常见的三类平台模式（中介型平台、自营型模式和混合型模式）中，混合型平台是较为复杂的类型，因其一方面具备互联网平台的共性，在电子商务生态中搭建买卖双方的交易渠道，提供信息发布和交易撮合的中介服务（杨立新，2019）；同时，它们又以自营身份直接参与销售市场，与第三方供应商展开竞争，兼具管理者和竞争者的双重身份（郑佳宁，2023）。故本文所称平台除特别说明外，均为混合型电商平台。

现有关于电商平台不公平交易行为的研究，主要见于从不同部门法视角对单一行为类型的分析。例如，竞争法视域下"二选一"行为（王晓晔，2020；郭宗杰、崔茂杰，2020；袁波，2020；孙晋，2024）、滥用优势地位行为（王晓晔，2016；戴龙，2019；王玉辉，2021；焦海涛，2024）、互联网服务行为（张学军，2015）等，以及多部法律在规制不公平交易行为时的衔接问题（朱理、曾友林，2019；戴龙，2021）。然而，针对电商平台这一责任主体的所有不公平交易行为的综合性研究十分少见，缺乏从整体性视角进行的分析与探讨。因此，为平衡电商平台相对于平台内经营者的强势地位与平台内经营者在法律救济方面的困境，维护终端消费者自由选择权和公平交易权，亟须从电商平台端对其可能实施的不公平交易行为进行系统性梳理，并在此基础上力图构建完善的法律治理体系，为电子商务的健康有序发展提供坚实的法治保障。

一、我国电商平台不公平交易行为的主要类型

我国目前尚未有法律对"不公平交易行为"的概念进行定义。关于不公平交易行为的相关规定散见于各部门法中，并没有专门规制不公平交易行为的法律。在 20 世纪 90 年代，以当时的《中华人民共和国反不正当竞争法》（以下简称《反不正当竞争法》）为核心的法律体系中，有关不公平交易行为的规定大体上可以分为两类：一是公用企业及其他依法具有独占地位的经营者对他人实施的限定交易行为；二是经营者对他人实施的特定不公平交易行为，例如搭售。

随着我国经济的进一步发展，市场竞争更加激烈，不公平交易行为的表现形式日益复杂。商务部等部门于 2006 年联合发布《零售商供应商公平交易管理办法》，规制零售商供应商实施的不公平交易行为。2007 年颁布的《中华人民共和国反垄断法》（以下简称《反垄断法》）对纵向垄断协议和滥用市场支配地位作出了规定，可以解决部分影响市场竞争的不公平交易行为。2018 年《中华人民共和国电子商务法》（以下简称《电子商务法》）第

三十五条以保障交易公平为规制目的，规定了附加不合理限制或者附加不合理条件的交易行为，但仍未直接涉及不公平交易行为。2016 年国务院法制办公室关于发布《〈反不正当竞争法（修订草案送审稿）〉公开征求意见的通知》首次尝试从法律层面直接规制"不公平交易行为"，并对其进行了简要分类。① 然而，该草案并未明确界定"不公平交易行为"概念的定义，也未阐明其损害的法益，并且在随后正式通过的法律中也删除了该条内容。

　　鉴于上述情况，本文将对"不公平交易行为"进行系统梳理，既涵盖竞争立法应予规制的具有反竞争效果的不公平交易行为，也包括单纯违反公平交易原则、涉及公平性问题的不公平交易行为。在此基础上，从不公平交易行为对作用对象产生的具体效果入手，将电商平台经营者不公平交易行为划分为以下三类：一是排除其他电商平台竞争的不公平交易行为；二是排除平台内中小电商企业与其竞争的不公平交易行为；三是对中小电商企业实施的其他形式的不公平交易行为。通过梳理和分析上述三类不公平交易行为的共性与本质，为后续完善底层规制逻辑和优化平台治理提供更有针对性的理论支撑与实践依据。

（一）排除电商平台竞争的不公平交易行为

　　电商平台的"二选一"行为主要表现为平台经营者要求平台内中小企业在本平台与其他竞争性平台之间做出排他性选择，即限制平台内经营者自由入驻其他竞争平台的权利。这种不公平交易行为不仅侵犯了经营者的经营自主权，还在以流量为导向的平台经济中，通过规模效益与网络外部性的双重作用，持续压制其他竞争平台的发展，进而实现排他性目的（陈兵、林思宇，2022）。近年来，从 2010 年奇虎公司与腾讯公司的"三 Q 大战"，到京东诉天猫滥用市场支配地位纠纷，再到北京三快科技有限公司与上海拉扎斯信息科技有限公司不正当竞争纠纷，电商平台实施"二选一"的现象屡见不鲜，已成为电商平台运营商为排除其他平台竞争、实施不公平交易行为的常见手段。

　　"二选一"是产业经济学中的中性术语，指经营者要求或双方协议交易相对人只能与其交易，不得与其竞争对手进行交易的行为（李昌麒，2008），该行为实则为独家交易或排他性交易（exclusive dealing）在互联网行业的典

---

① 2016 年《反不正当竞争法（修订草案送审稿）》第六条：经营者不得利用相对优势地位，实施下列不公平交易行为：（一）没有正当理由，限定交易相对方的交易对象；（二）没有正当理由，限定交易相对方购买其指定的商品；（三）没有正当理由，限定交易相对方与其他经营者的交易条件；（四）滥收费用或者不合理地要求交易相对方提供其他经济利益；（五）附加其他不合理的交易条件。本法所称的相对优势地位，是指在具体交易过程中，交易一方在资金、技术、市场准入、销售渠道、原材料采购等方面处于优势地位，交易相对方对该经营者具有依赖性，难以转向其他经营者。

型表现形式。"二选一"现象常见于电商平台的纵向交易关系中，处于上游优势地位的平台经营者利用其对平台内经营者的控制权（姚宜君、陈永国，2022），强迫其在该平台与其他平台间作出"非此即彼"的选择。而平台内经营者由于已在该平台投入了大量的时间和资金成本，因此会倾向于维持在该平台内的运营，锁定效应加剧了竞争的失衡。根据电商平台限制平台内经营者与其他电商平台合作的不同方式，可以将其分为强制型"二选一"和升级型"二选一"两大类别。

1. 强制型"二选一"

强制型"二选一"是指电商平台（限制方）直接强制要求平台内经营者不得与其他平台合作，其表现形式为限制方利用其所拥有的市场支配地位或相对优势地位，对平台内经营者提出明示的限制条件，迫使其由于自身弱势地位而不得不接受不合理的条件。这种现象在电商经济兴起初期较为常见。例如，京东诉浙江天猫网络有限公司及阿里巴巴集团控股有限公司"二选一"案中，被告多次以签订独家协议等方式，要求在天猫商城内经营的商家不得在竞争平台京东商城开设店铺或参加促销活动。拼多多跨境电商平台 Temu 曾诉其竞争对手 Shein，称 Shein 通过与服务供应商的交易中，迫使供应商签署包括一系列惩罚性条款的"忠诚协议"（loyalty discounts）以达到独家交易的目的，从而阻止供应商与 Temu 合作。[①] 类似地，爱库存也曾实名举报唯品会强制商家进行"二选一"，如果商家不中断与爱库存的合作，唯品会则会对其商品下架。由此可见，强制型"二选一"的核心特征在于，限制方平台利用其市场控制力，采取明示条件或直接告知的方式促使平台内经营者不与竞争性平台合作。

这种强制的"二选一"常采取惩罚性措施或通过惩罚手段要求平台内经营者不得与其他平台合作，或在发现违约时对经营者施加不利后果，迫使其终止合作。这类的惩罚方式已从过去公开的关闭店铺、下架产品、提高手续费、不退还保证金等公开的方式，演变为结合技术手段的隐蔽形式，如降低搜索排名、限制流量，甚至屏蔽搜索结果。例如，在"饿了么"平台诉"美团外卖"平台一案中，拉扎斯网络科技（上海）有限公司作为"饿了么"平台经营者，与经营"美团外卖"平台的三快公司具有直接竞争关系，对跨平台商户通过调高费率、停用服务和设定不合理交易条件，限制跨平台商户入驻竞争平台，消除拉扎斯公司与上述商户之间的交易机会，导致"饿了么"平台商户资源的流失和订单交易量下降及相应的收益减少。[②] 嘉兴市洞

---

①　Whaleco Inc. v. Shein US Services, LLC（1：23 - cv - 11596）District Court, D. Massachusetts, https：//www. courtlistener. com/docket/67610661/whaleco - inc - v - shein - us - services - llc/.

②　上海拉扎斯信息科技有限公司与北京三快科技有限公司不正当竞争纠纷案，一审民事判决书案号：浙江省金华市中级人民法院〔2019〕浙 07 民初 402 号，二审民事判决书案号：浙江省高级人民法院〔2021〕浙民终 601 号。

洞拐网络科技有限公司作为外卖平台海盐地区代理商，为提高在本地的市场占有率，通过后台技术手段修改数据，以缩小商家配送范围为要挟，迫使平台内商户退出其他竞争平台。格兰仕在 2019 年 "6·18" 大促前夕拒绝了天猫要求其从其他网络零售平台下架的要求，而后遭遇了搜索降权、限制流量、技术屏蔽、下架产品等惩罚措施，消费者无法正常选购格兰仕相关的产品。

2. 升级型 "二选一"

随着互联网技术的发展以及法律对电商行业规制的加强，电商平台将过去公开的限制要求转变为更为隐蔽的形式，升级型 "二选一" 行为应运而生。在实践中，升级型 "二选一" 主要包括激励型 "二选一" 以及强制转让知识产权的 "二选一"。

其一，激励型 "二选一" 是指通过为平台内经营者提供优惠条件，诱导其主动选择放弃与其他平台合作的机会。优惠条件包括但不限于提供补贴、增加流量支持、优先展示店铺、降低入驻费用等。激励型 "二选一" 通常出现在平台试图留住具有强势地位的经营者的情形，这些经营者自带庞大的消费者群体，能够为平台带来更多流量和交易额。因此，激励型 "二选一" 往往会促成电商平台与平台内经营者的 "强强联合"，进而产生显著的市场封锁效应。目前电商行业尚未出现类似诉讼，但在数字平台已有先例。美国哥伦比亚特区联邦地区法院最近裁定，苹果与谷歌签订的独家分销合同，使谷歌成为所有苹果设备上 Safari 浏览器预装的默认搜索引擎，合同中还包含排他性条款，禁止苹果设备预装或推荐其他竞争搜索引擎，限制其他竞争者通过有效的分销渠道接触用户的机会，由此剥夺了竞争者获取必要规模的可能；谷歌也因此能获得巨大的用户数据流用以优化算法、改进搜索质量，进一步巩固谷歌在相关市场内的垄断地位。[①]

其二，电商平台通过强制转让知识产权的 "二选一" 行为，要求平台内经营者签订包含知识产权转让条款的合作协议，迫使商家让渡其创新成果。在双方达成独家合作的前提下，平台在商品设计、产品更新等方面获得了更大的控制力。例如，Shein 要求入驻其平台的商家签署 "独家协议"，其中包含强制商家免费授权其所有产品样式、图像和视频 12 个月的独占权。相比激励型 "二选一"，强制转让知识产权的 "二选一" 行为具备更强的排他效应，对商家的约束也更加严苛。商家不仅丧失在其他平台扩展市场和盈利的机会，还在核心资产——知识产权的处置上失去自主权，使限制方在一定时间内独占商家的独特商品及设计资源，削弱了其他平台获取优质商品的可能性，进一步加剧限制方的竞争优势。

总之，电商平台实施 "二选一" 行为意在阻止平台内经营者与其他竞争

---

① United States v. Google LLC，https：//cdn. arstechnica. net/wp – content/uploads/2024/08/US – v – Google – Opinion – 8 – 5 – 2024. pdf.

性平台建立合作，并通过由此产生的溢出效应损害商家的多元化归属，排斥竞争平台的正常发展和平台间的公平竞争。

（二）排除平台内中小电商企业与其竞争的不公平交易行为

混合型电商平台因其高市场份额和快速增长态势，引发了反垄断执法机构的密切关注。比如市场监管总局在 2020 年对京东、天猫、唯品会三家企业开展自营业务不正当价格行为进行了调查，并作出行政处罚决定，而混合型电商平台通过实施自我优待（self-preferencing）行为引发的不公平交易，这是其排除平台内中小电商企业与其竞争的最明显证据。根据 iResearch 和 QuestMobile 的数据，2023 年中国主要电商平台市场份额前五名分别为：占 52% 的阿里巴巴（淘宝、天猫）、占 19% 的京东、占 14% 的拼多多、占 8% 的抖音以及占 4% 的快手。2019～2023 年，前五名以外的剩余市场份额持续萎缩，反映出电商平台市场结构的高度集中，且头部企业的市场份额差距显著。排名前三的电商平台凭借其市场支配地位或优势地位，通过自我优待产生杠杆效应，将竞争优势延伸至下游自营业务，从而形成对平台内中小企业的叠加性排除竞争效果。

平台自我优待行为表现形式多样（孙晋、马姗姗，2024），其中最常见的是差别对待，即对自营产品提供优惠待遇，或对第三方竞品采取歧视性措施。以 2020 年欧盟委员会对亚马逊的调查为例，欧盟委员会关注亚马逊的"黄金购物车"（buy box）和 Prime 会员标签是否导致自营零售商和使用亚马逊物流服务的商家享受优惠待遇。[①] 鉴于 buy box 是消费者购买商品的主要入口，贡献了亚马逊 80% 以上的销售额（Lanxner，2023），亚马逊通过优先推荐自营产品或使用其物流服务的第三方商家产品，显著影响了消费者的购买决策，降低了其他商家的商品曝光率和销售机会。Prime 会员作为亚马逊平台的忠诚用户，享有加急配送、免运费和提前促销等特定服务。亚马逊对商家是否符合 Prime 资格的标准偏向于自营业务或使用亚马逊物流的商家，这种歧视性待遇进一步扭曲了平台市场的公平竞争，削弱第三方卖家的竞争力。

值得注意的是，电商平台的差别待遇行为通常依托其对数据的掌控优势来实现。最直接的方式是平台利用第三方卖家的非公开数据开发自营产品。例如，亚马逊通过分析其平台内其他卖家的销售数据，快速识别市场潜力较大的产品，随后推出类似的自有品牌产品，削弱第三方卖家的竞争力。在公平竞争的环境下，消费者未必会主动选择此类"山寨产品"，平台往往会操

---

① Commission Decision of Case AT. 40703（Amazon Buy Box），https：//eur – lex. europa. eu/legal – content/EN/TXT/? toc = OJ% 3AC% 3A2023% 3A087% 3ATOC&uri = uriserv% 3AOJ. C_. 2023. 087. 01. 0007. 01. ENG.

控搜索结果，将自营产品优先展示，或降低第三方竞品的搜索排序，从而阻碍竞品流通（Case，2021）。意大利竞争管理局的调查也发现，亚马逊对使用其物流服务的商家和自营产品给予更高的搜索排名结果，致使其他卖家的商品曝光不足。为了应对这种情况，第三方卖家不得不通过向平台购买广告来缩小与自营产品在展示机会上的不平等差距（Stucke，2020）。

　　总之，混合型电商平台通过自我优待行为，利用其对数据和平台规则的控制，对自营业务进行优待，从而排除平台内中小企业的竞争，这种行为具有显著的排除性效应，进一步巩固了平台的市场地位。

（三）电商平台对中小电商企业实施的其他不公平交易行为

　　除前述两类产生排斥、限制竞争效果的不公平交易行为外，电商平台经营者还会利用其平台管理者身份，对平台内的中小企业提出不合理要求，或者利用技术手段直接介入平台内经营者生产经营，例如平台公告强制要求经营者在本平台销售全网最低价、强制经营者参与平台促销、直接修改外卖商家的配送范围等行为，严重侵扰了平台内经营者自由定价的独立商业决策能力，也构成了不公平交易行为。

　　过去两年间全球主要经济体增长放缓，为应对一般消费者追求性价比的消费偏好，主要电商平台忽略了自身平台战略定位、核心资源禀赋等方面的差异，① 普遍将低价优先战略作为获取流量和竞争取胜的首要策略。与此同时，国内直播电商"货找人"的商业逻辑及其强互动特性，成就了直播电商的高转化率，也推广了直播电商运用价格优势吸引用户的手段，由此催生了"唯低价"电商模式。这种模式的营收主要来源于流量变现而非平台交易，导致片面要求商家低价、忽视商品质量、商家权益被侵害等问题。从短期来看，"唯低价"电商模式与当下快递、人工、原材料等各方成本上涨的趋势相违背，使得生产和销售经营者利润空间被严重压缩，但消费者能以低价买到同样质量的商品。然而，这种模式持续一段时间后，特别是当价格低到经营者无法通过薄利多销的策略获得利润时，经营者处于持续亏损状态。并且基于消费者对价格高度敏感，比价消费的用户黏性差、复购率低，难以成为电商企业的忠实客户。为了继续存活和盈利，生产厂商会制造大量以次充好的伪劣产品充斥于市场，并可能与电商平台经营者的虚假宣传相结合，扰乱正常的竞争秩序，最终损害消费者的利益，导致市场信任的丧失与生态的恶化。

---

① 比如淘宝的优势为品类丰富，淘宝用户更看重平台产品的多样化和优质服务，低价对于提高成交量而言不是关键的因素；京东平台上以自营旗舰店为主，多为品牌商产品，具有质量保障，因此降低价格可以促进消费者的购买欲望；拼多多平台的产品以白牌（没有明显品牌标识或以低品牌感知为主的产品）为主，平台用户对低价商品的需求旺盛，因此平台能够依靠低价优势持续推动交易成交量的增长。

平台在推行"唯低价"电商模式时，不仅向平台内商家传递低价竞争的策略，还通过多种不合理的"价格管控"手段进一步压低在售商品的价格。首先，平台要求商家在特定时期提供"全网最低价"是最典型的做法。所谓"全网最低价"，即平台要求商家经营产品时，无论是日常的销售价格还是活动价格，都必须确保低于或等于同期其他电商平台的价格，否则将面临处罚。早在 2014 年"双十一"大促期间，天猫平台的工作人员就要求商家在大促前不得提高商品价格，且必须保证"双十一"期间的商品价格为全网最低，尤其是针对与京东的价格竞争。① 另有司法案例显示，某美妆旗舰店与电商平台公司签订《直播合作合同》，约定该平台安排主播为其产品进行直播，并承诺该平台直播期间及直播结束后三个月内的商品售价为全网最低。法院判决指出，此类"全网最低价"条款成为电商平台约束中小电商企业发展的枷锁和排除竞争的工具。② 市场供需关系是价格形成的基本机制，在自由市场中，价格的自发调节作用是确保资源有效配置的重要手段。因此，商品价格应随行就市，而非由平台运营商控制。其次，电商平台还可能未经商家同意径直下调商品价格、发放商品优惠券、上线"自动跟价"功能，将降价带来的经济损失强加于商家。2017 年，京东擅自决定将平台内未申请参与促销活动的服饰品牌裂帛纳入促销的范畴，向消费者发放由商家承受降价负担的 3.8 折优惠券。2024 年 6 月，推行"唯低价"电商模式的领先者"拼多多"上线了一款面向商家的自动跟价新工具。商家一旦使用了这一功能，平台就可以实时分析竞品售价，自动调整商家的商品价格，以更低的价格争夺消费者。并且，只有开启自动跟价的商家才能获得平台流量，确保其商品能够进入消费者的视野。简言之，自动跟价工具实质上将商家的流量获取与平台对价格的操控形成捆绑关系，使商家不得不卷入持续的价格竞争，以牺牲利润换取平台流量，涉嫌利用优势地位限制商家的经营自主权，构成不公平交易，侵害了商家合法权益，也导致市场竞争环境进一步恶化。

此外，电商平台依据其自行制定的平台规则，有权对平台内经营者履行类似行政管理职责的"权力"（涂延辉，2023），为平台实施随意处罚或罚款的不公平交易行为提供了空间。平台在未向商家提供证据和沟通机会的情况下，单方面采取冻结商家货款、扣除保证金、罚款，甚至封禁店铺等做法，违反程序正当性和诚实信用原则。虽然各大平台对入驻商家进行资质资格审核义务以及日常平台运营管理，在维持平台秩序和消费者权益方面具有必要性，但通过冻结货款和扣除保证金的方式处罚商家，已经涉嫌构成不公平交易行为。在法律性质上，保证金应被视为商家履行合同承诺的财产担

① 详见亿邦动力网，"传小二'巡山'，勒令商家双 11 天猫价最低"，2014 – 10 – 22，http：//www. ebrun. com/20141022/112946. shtml.
② 详见澎湃新闻网，"商家以全网最低价与电商平台签约，平台称不是最低价然后违约，法院判了"，2024 – 06 – 12，https：//www. thepaper. cn/newsDetail_forward_27710157.

保，其主要目的是在买家因商家违约导致损失时，为消费者提供赔偿保障。将保证金作为对商家的处罚或罚款使用，实质上是平台越权行使了行政职能，违法处置商家财产。理想情况下，处罚规则应当是保护消费者、维护合规生态的一条重要手段，但随着电商平台运用算法制定对商家的高额罚款规则，判罚流程不透明，并且罚款是由平台收入囊中，更强化了平台利益与商家权益的对立关系。

综上所述，电商平台的出现起初仅是为电子商务中的交易双方或多方提供网络经营场所、交易撮合、信息发布等服务，通过与入驻平台的中小电商企业签订服务协议，平台运营商享有事实上的管理权，但其自身并不介入交易之中，此时平台运营商仅符合《电子商务法》第九条第二款"电子商务平台经营者"之身份。平台通过掌握数据、规则和流量分配权，与平台内经营者和消费者之间形成了"科技封建主义"式的权力结构（Yanis Varoufakis，2024），使得依赖平台生存的商家扮演着被管理者的角色，为交易提供中介服务的平台经营者对其平台的日常运营具有管理之职责。这种不对等的关系导致平台设置不合理的限制交易要求（Inge Graef，2019），损害平台内经营者的自主经营权，扭曲平台内的公平性。随着电商运营模式的发展，平台运营商开始在本平台内售卖商品或服务，兼具平台内经营者的身份，即亦属于"平台内经营者"。具有相对优势地位的混合型平台经营者则会强迫平台内经营者在竞争性平台间进行"二选一"，或通过自我优待限制平台内经营者与其自营产品竞争，极大压缩了平台内电商企业的经济利益和经营空间，对公平竞争的市场环境造成冲击。

二、我国电商平台不公平交易行为法律治理的现有方案及其局限性

电商平台实施的不公平交易行为破坏了市场机制对经济的正常调节功能，需要通过市场规制法予以约束，从而消除市场障碍、恢复市场秩序（漆多俊，2017）。除了垄断行为之外的其他不公平交易行为，极可能因看似零散个别案例或对市场影响有限而被忽视，但由于电商平台聚合了大量交易主体，其运行直接影响市场秩序、消费者福利和社会经济的整体效率，同时平台提供的核心服务（如交易撮合、支付保障等）在某种程度上超越了传统私人市场行为，具备准公共属性。因此，不可低估电商平台不公平交易行为的累积性危害。这些行为不仅损害了交易参与方的个体权益，还可能因向公共领域传导而产生与垄断行为类似的危害结果，对交易的公平性和市场的可竞争性（fairness and contestability）造成冲击。公平性主要从民法角度出发，旨在保护弱势交易主体免受不合理交易行为的侵害。例如，电商平台经营者和平台内经营者交易关系中，平台内经营者通常处于弱势地位，因此需要在

交易条件、价格机制、信息对称性等方面得到相应的保护，而可竞争性问题则以竞争法逻辑为依归，其目标是保障市场的开放性和动态竞争性，禁止滥用市场支配力，防范反竞争行为，进而维护健康的市场竞争秩序。在此背景下，需要厘清电商平台不公平交易行为所涉及的公平性和可竞争性这两个不同维度的问题，并对现有法律规制体系及其局限性进行深入分析，为推动对电商平台不公平交易行为的全面规制奠定坚实基础。

（一）现有法律规制方案

不公平交易行为结果可能有损平台内竞争及平台间竞争。我国目前对电商平台不公平交易行为的规制，形成了以《反垄断法》《反不正当竞争法》《电子商务法》为核心的法律体系，涉及多部法律条文的综合治理。其中，竞争法对电商平台涉嫌违反可竞争性的不公平交易行为予以规制，但当电商平台的不公平交易行为影响到平台内部的竞争时，往往属于公平性的问题，竞争法只能部分解决，无法予以全面涵盖和规制。

1. 涉及可竞争性问题的不公平交易行为的法律规制

电商平台经营者实施的限制平台间竞争的不公平交易行为以多种类型的"二选一"为典型，对于严重排除限制竞争的"二选一"行为的法律规制，可能适用《反垄断法》、《反不正当竞争法》、《电子商务法》、《国务院反垄断委员会关于平台经济领域的反垄断指南》（以下简称《平台反垄断指南》）以及相关地方性竞争法规。在反垄断法框架下，平台经营者"二选一"行为既可能被归入滥用市场支配地位之规定，也可能属于《反垄断法》第十四条兜底条款下的纵向非价格垄断协议之列（孙晋，2024）。从执法实践中看，目前对电商平台"二选一"行为的违法认定多属于滥用市场支配地位的范畴，[①] 因此滥用市场支配地位制度仍是规制此类行为的核心路径。

《反垄断法》第二十二条禁止具有市场支配地位的经营者利用数据和算法、技术以及平台规则等从事规定的滥用市场支配地位的行为，包括拒绝交易、限定交易、搭售、附加不合理交易条件以及差别待遇等行为。同时，第二十三条列举了经营者具有市场支配地位的认定因素。《电子商务法》第二十二条则结合电商领域市场集中度高的结构特征，进一步规定在认定市场支配地位时需考量技术优势、用户数量、行业控制能力，以及其他经营者对电商平台的依赖程度等。这些因素体现了电商平台的核心竞争特性，包括技术创新、用户基础和生态系统的控制力。质言之，《电子商务法》第二十二条实质上借鉴了《反垄断法》第二十三条"界定相关市场—认定被告具有市场支配地位—证明被告存在滥用市场支配地位的行为"的分析框架，并在此基础上引入电商平台特有的判断标准（戴龙，2021）。对于具有市场支配地位

---

① 如阿里巴巴集团"二选一"案、美团"二选一"垄断案。

的平台强迫入驻商家"二选一",《电子商务法》第二十二条作为特别条款可以直接适用。《平台反垄断指南》第十五条也明确指出,竞争性平台间的"二选一"行为是判断平台经济领域经营者构成限定交易行为的重要参考因素。

《反垄断法》第二十二条与《电子商务法》第二十二条的规制均以电商平台经营者具有市场支配地位为前提,而《电子商务法》第三十五条和《反不正当竞争法》第十二条"互联网专条"则不以此为必要条件,从而扩展了规制适用的范围。《电子商务法》第三十五条规定,电子商务平台经营者不得利用服务协议、交易规则以及技术等手段,对平台内经营者在平台内的交易、交易价格以及与其他经营者的交易等进行不合理限制或者附加不合理条件,或者向平台内经营者收取不合理费用。此条款覆盖了电商平台经营者对平台内经营者选择入驻平台的限制行为,从而在实质上对"二选一"行为形成规制,为相关法律的适用提供更加宽泛且灵活的制度空间。浙江省海盐县市场监督管理局对嘉兴市洞洞拐网络科技有限公司作出的处罚决定,正是对该条款的具体适用案例。《反不正当竞争法》第十二条第二款规定,经营者不得利用技术手段,通过影响用户选择或者其他方式,实施妨碍、破坏其他经营者合法提供的网络产品或者服务正常运行的行为。该条将经营者利用技术手段作为必要条件,与实践中平台通常依托其管理者身份所带来的技术便利条件与相对地位优势,实施限制竞争的"二选一"行为的情况相契合,此外,在《反垄断法》出台以前,我国还出现过适用地方性法规的执法实践。2017 年,浙江省金华市市场监督管理局查处"美团网"利用自身优势阻碍、胁迫他人与竞争对手发生正常交易的行为,并根据《浙江省反不正当竞争条例》依法予以处罚,体现了地方性法规的补充规制作用。

2. 涉及公平性问题的不公平交易行为的法律规制

电商平台经营者凭借其作为平台实际运作人的特殊地位,通过优待自营业务,或利用平台技术和规则,强制平台内中小电商企业参与平台交易、设置全网最低价、随意调价等方式,从事不公平交易行为。这些行为中的一部分可以由竞争法加以规制,主要法律依据包括《反不正当竞争法》和《电子商务法》,以及作为部门规章的《网络反不正当竞争暂行规定》(以下简称《暂行规定》)。《暂行规定》自 2024 年 9 月起施行,是在《电商法》和《反不正当竞争法》的基础上,进一步强化了平台经营者的法律责任,特别是对平台经营者实施的不正当竞争行为以及平台内竞争行为,提供了规范的管理措施。

电商平台的自我优待行为赋予了自营业务显著的竞争优势地位,促使电商平台经营者攫取超额垄断利润。尽管数字平台自我优待行为具有一定的合理性,在遵守竞争秩序和保护消费者的前提下,平台可以进行优化性的非中立管理,而这种优待行为在某些情境下确实能提升社会效益(丁晓东,

2021）。但是，在混合型电子商务模式下，电商平台通常通过两种方式实现货币化：一是通过直接利润率实现自营产品的收益；二是以佣金收入实现第三方产品的收益。当前阶段，电商平台优化自营业务的策略往往以减损对第三方卖家的收费利益为代价，从而引导消费者更多购买自营产品（Federico Etro，2023）。这不仅可能削减消费者的总体福利，还可能显著降低平台内中小电商企业的预期利润。因此，有必要对混合型电商模式下的自我优待行为进行适当规制。《电子商务法》第三十五条禁止电商平台对商户实施不合理的限制或者附加不合理的条件，实质上是为了防止电商平台经营者利用服务协议、交易规则以及技术等手段滥用相对优势地位，可以对平台自我优待行为进行规范。《平台反垄断指南》第十七条对《反垄断法》第二十二条中的差别待遇进行更具体的解释说明，有助于评判平台经营者的行为是否构成滥用市场支配地位。

《反不正当竞争法》第二条及《暂行规定》第二条为经营者在互联网等信息网络上从事生产经营活动树立了重要的原则性规定，要求其遵循自愿、平等、公平、诚信的原则，并遵守法律和商业道德。这些原则性规定为评判电商平台强制平台内经营者参与平台促销、实行唯低价模式、按系统随意调价等行为提供了标准。另外，《平台反垄断指南》第七条指出，平台经营者要求平台内经营者在商品价格、数量等方面向其提供等于或者优于其他竞争性平台的交易条件的行为可能构成垄断协议，也可能构成滥用市场支配地位行为。这一规定为规制电商平台以"全网最低价"策略实施的垄断行为提供了法律依据。涉及价格控制行为时，还应考虑《中华人民共和国价格法》（以下简称《价格法》）的专门规制。《价格法》第十四条对不正当价格行为作了禁止性规定，其中四项内容与《反垄断法》禁止的垄断行为存在一定交叉，包括掠夺性定价、价格歧视、变相提价和压价等滥用市场支配地位的行为。但《价格法》对这些行为的规制不以经营者具有市场支配地位为前提，适用前提明显低于《反垄断法》需要证明被告具有市场支配力，或控制市场并将价格抬高到成本之上的能力的要求（Areeda and Hovenkamp，2023；Landis and Posner，1981）。针对电商平台实施自我优待的具体情形，《平台反垄断指南》第十五条特别列举了限定交易的两种情形，其中包括"平台经营者通过技术障碍的惩罚性措施"限制市场竞争和消费者利益的情形，而电商平台设置自动调整平台内经营者商品价格的"改价系统"的行为，在未经经营者同意的情况下实施价格干预，对平台市场的价格竞争产生直接的不利影响，或许可能被视为限定交易行为。

（二）现有方案的局限性

首先，对损害平台间竞争的不公平交易行为的现有法律规制缺乏针对性。平台内经营者对平台的高依赖程度催生锁定效应，让平台"二选一"行为的溢出效应明显，凸显对电商平台实施排他性交易"二选一"行为进行严格法律治理的必要性，但能用于规制"二选一"行为的条款存在举证责任困难、以技术为前提等情况。《电子商务法》第二十二条、《反垄断法》第二十二条和《平台反垄断指南》第十五条均需证明被告占有市场支配地位，本身存在举证责任过高的局限性。尽管《反不正当竞争法》第十二条规制的主体外延涵盖了平台经营者，对网络经营者实施的不正当竞争行为进行了列举式禁止规定，但该条款以平台经营者"利用技术手段"为前提，表现为插入链接、强制跳转、误导修改等妨碍、破坏其他经营者合法提供的网络产品或服务正常运行的特征，无法对电商平台经营者未利用技术手段实施的不公平交易行为加以规制，如通过制定平台规则设置障碍，导致事实上的升级版"二选一"的不公平交易行为。同时，平台内经营者与平台经营者地位不平等会导致救济困难，平台内经营者在受到平台经营者不公平交易行为的影响时往往消极寻求私法救济。从《电子商务法》第二十二条的文义表达上看，该条款意图在应然层面上规制平等主体之间的公平竞争关系，如平台内经营者滥用市场支配地位、实施垄断价格及掠夺性定价等。但由于该条款的适用对象为"电子商务经营者"，在实然层面上涵盖电商平台经营者与平台内经营者两类主体，规制的违法行为类型可能存在以下两种情形：一是电商平台经营者在电商平台领域占市场支配地位，将其上游市场支配力传导至平台内，对平台内经营者实施强制限定交易、搭售及其他滥用行为；二是平台内经营者在平等关系下对其他经营者实施的垄断行为。因此，该条款在实然与应然层面的适用上存在龃龉，两类违法行为的成因亦存有差异，构成了滥用市场支配地位行为规制的困境之一，此外，实践中对部分限定交易案件的适用依据法律层级较低。例如，2017 年浙江省金华市市监局依据《浙江省反不正当竞争条例》处理"美团网"一案，《浙江省反不正当竞争条例》系地方性法规，仅在浙江省行政区域内有效，效力层级低于适用于全国的法律和行政法规，这种情况下可能导致法律适用上的不统一和地方保护主义的产生。地方性法规的适用在司法审查中也存在一定争议，特别是在涉及跨区域平台经济的案件中，地方立法的效力范围和适用标准可能与国家层面的反垄断法规存在冲突，从而影响公平竞争的市场秩序。

其次，对于电商平台自我优待行为以及其他不公平交易行为，目前尚未形成统一的规制路径，甚至存在法律治理缺位的困境。这些行为不一定涉及竞争性问题，但却对市场公平性造成影响，同时可能牵涉到消费者权益保护、平台责任划分、个人数据安全等多重领域，体现出数字经济时代的电商新业态的交叉复杂的法律特性。因此，在处理电商领域的争议时，有必要推动传统反垄断法从仅关注行为过程及其对市场竞争的损害进行类型化划分和概括，转向通过综合性的行业立法进行更全面的规制。然而，当前各部门的单独立法尚不足以承载这一转型任务。以平台的自我优待行为为例，尽管《平台反垄断指南》第十七条对《反垄断法》第二十二条规定的差别待遇行为做了更具体的解释，但对于涉及平台内经营者的差别待遇行为，仅能依靠《平台反垄断指南》第十七条第一款第二项中"实行差异性标准、规则、算法"的笼统规定，缺乏明确的适用标准和操作性（姚宜君、陈永国，2022）。又如，《电子商务法》第三十五条规定的"相对优势地位"在市场交易中普遍存在，但对"滥用优势地位"的边界理解模糊，存在很大的不确定性：过度规制相对优势地位的滥用可能会扩大反垄断法适用范围，造成假阳性误差，对市场经济过度干预；但若不对涉嫌违法的不公平交易行为进行有效规制，在中小电商企业普遍依赖大平台获得生存空间和交易机会的背景下，不公平交易行为仍将屡见不鲜，此外，《电子商务法》对平台经营者制定或更改平台服务协议和交易规则，或采取警示、暂停或终止服务、实施差别对待等不公平交易行为的约束力也显得不足，未能形成有效的行为规范方式。

概言之，我国针对电商平台领域不公平交易行为的立法已形成多层次的规则体系，但现有法律体系在概念定义、规范对象和执法机制上存在重叠，同时又未能涵盖所有不公平交易行为，导致法律适用上出现混乱和缺乏执法依据的多重问题。对影响平台间竞争性的不公平交易行为，可以用竞争法予以规制；但当电商平台排斥平台内中小电商企业与其自营产品竞争，或实施其他针对平台内中小电商企业的不公平交易行为时，则会涉及平台内的可竞争性与公平性。对这类行为的治理需借助竞争法和其他不公平交易行为规制法，尚未形成规制的合力，也还存在诸多空白之处。这种法律治理的缺位，根本原因在于对平台内部公平性的关注不足。在具体实践中，现有法律更偏向于关注平台之间的竞争。对平台滥用其优势地位、损害平台内中小经营者的合法权益的行为，如随意调价、强制参与促销、封禁账号等，缺乏明确而有效的规制措施，致使中小电商经营者的合法权益因平台经营者的不公平交易行为而受到损害。

三、治理电商平台不公平交易行为的域外经验

美国《联邦贸易委员会法》最早对不公平交易行为进行了规制。其第五条规定，"在商业中或影响商业中的各种不正当竞争方法以及不公正或者欺骗性的行为或做法，均宣布为非法"。受此影响，日本和韩国通过立法明确列举了不公平交易行为的具体类型并加以禁止。韩国自 1980 年起实施的《垄断规制与公平交易法》（*Monopoly Regulation and Fair Trade Act*），将"不公平交易行为"定义为妨碍公平交易的行为，并将其与滥用市场支配地位、

企业并购限制等行为并列规制。① 日本《禁止私人垄断及确保公平交易法》（以下简称《禁止垄断法》）第二条第九款规定的"不公正交易行为"② 包括差别对待、强制交易、不当利用交易地位等，旨在防止对公平竞争的妨碍。美国、日本、韩国在其立法中均明确引入了不公平交易行为的概念，特别是日本和韩国予以专章规制；最近几年，欧盟、英国、德国等国家或地区则通过指定某些数字平台经营者为"守门人"，对其施加特殊义务，以维持平台经济领域的竞争性和公平性；并且还制定了有关平台公平性与透明度的专门立法。相较之下，我国对不公平交易行为的法律治理尚存在诸多问题。我们希望通过考察域外治理电商平台不公平交易行为的有益经验，即通过反垄断法中规制"不公平交易行为"、强化事前规制的数字市场竞争立法，以及进行专门立法的三种思路，探索我国电商平台不公平交易行为的法律治理的优化方案。

（一）反垄断法中的"不公正交易方法"

日本与韩国的反垄断法在规制垄断协议、滥用市场支配地位、经营者集中等典型垄断行为的同时，还特别针对不公平交易行为（在日本称作"不公正交易方法"）进行了规制。两国的反垄断立法均采用了"正面列举 + 兜底条款"的专章立法规制模式，既限定了不公平交易行为的范围，又通过兜底条款确保了规制的灵活性和对新兴不公平交易行为的适应性。

韩国关于不公平交易行为的法律体系，主要由《垄断规制与公平交易法》、《垄断规制与公平交易法施行令》（以下简称《施行令》）以及《不公正交易行为审查指南》三个文件构成。该体系界定了韩国不公平交易制度的含义与类型，明确了法律责任，并对执法机构与执法程序作出系统规定，成为韩国公平交易委员会（KFTC）开展不公平交易行为执法的核心法律依据。现行《垄断规制与公平交易法》（2020 年修正案）第二十三条禁止"可能阻碍公平交易的不公平交易行为"，将不公平交易行为分列七项内容，《施行令》第三十六条对分类进行了进一步细化。日本《禁止垄断法》第十九条规定的"经营者不得使用不公平的交易方法"是一种特有的规制，与事后规制和事前规制共同组成《禁止垄断法》的基本结构（村上政博，2008）。《不公正的交易方法》在《禁止垄断法》第二条第九款规定基础上细化了"不公正交易方法"的类型，涵盖拒绝交易、不当倾销、滥用优势地位等多种行为类型，大幅提升了实践中认定违法行为的可操作性。

在日本和韩国，判断不公平交易行为是否满足构成要件时，可以直接适

① KFTC, https://elaw.klri.re.kr/eng_service/lawView.do?hseq=64980&lang=ENG.
② 日本《禁止垄断法》将以不公正的方法妨碍公平竞争的行为称为"不公正竞争方法"，明确规定其属于垄断行为。后在 1953 年将"不公正竞争方法"的表述修改为"不公正交易方法"，其实质与外延没有改变，与韩国的"不公平交易行为"本质内容也一致，因此下文以"不公平交易行为"统称。

用不公平交易行为的相关条款进行规制。但不公平交易行为并非一概被禁止，其违法性认定需要结合具体情境加以分析。在日本，违法的本质还需基于"公平竞争阻害性"这一核心标准进行判断，即考量行为是否减损自由竞争、竞争手段是否具有不公正性，以及是否侵害自由竞争之基盘三个要素（徐士英，2006）。韩国则侧重于评估行为的竞争限制性、交易手段的不公平性以及是否存在正当化事由，将经营者滥用自己的相对优势地位，给交易对方设定不合理的交易条件，违背公共利益的行为视为不公平交易行为，作为契约自由原则的例外（全玲贤，2016）。两国反垄断法创设性地将不公平交易行为突破了传统竞争分析框架，避免了落入因相关市场和市场支配地位认定困难而造成的困境。这种方法基于交易双方关系的视角，不仅可以规制那些具有市场支配地位的行为主体，还能对占据相对优势地位的经营者实施的不公平交易行为进行有效规制，从而更全面地维护市场的公平竞争秩序。从两国多年的执法实践来看，韩国、日本的公平交易委员会对于多样化的不公平交易行为，最为普遍适用的条款为"禁止滥用交易地位"和"对经营活动的不当限制"。

日本立法规定了滥用交易地位行为的两个构成要件：其一是利用自己在交易中的地位优越于相对方；其二是实施了滥用行为，诸如强制购买、使相对方提供经济上的利益、设定或变更对相对方造成不利的交易条件，或实施此种交易。"滥用交易中的优势地位之行为侵害了相对方的自主决定权，这本身就可以被内在地认定为具有阻碍公平竞争的可能性。"日本公平交易委员会于 2010 年出台的《关于滥用优势地位的〈垄断规制法〉上的考量方法》再度明确了这一宗旨。对于电商平台而言，公平交易委员会在分析电商平台是否构成不公平交易行为时，并未直接认定电商平台天然具备优势地位，而是通过综合考量电商平台与入驻的平台内经营者之间的关系和对比，基于相对优势地位认定的三大要素——依赖性、市场份额和可转向性，判断电商平台是否具有优势地位（王玉辉，2021）。

不当限制经营活动的行为主要是从价格或非价格角度出发判断行为是否影响了公平的竞争秩序，是否产生了减损自由竞争的效果。近期，日本公平交易委员会对亚马逊位于东京的日本子公司进行了突袭调查，调查发现亚马逊对卖家设置了在"buy box"黄金购物车中优先显示的条件，包括在亚马逊提供比其他电商平台最低的价格或委托亚马逊进行代理发货和库存管理等行为。亚马逊日本子公司可能涉嫌同时违反《禁止垄断法》中关于"禁止滥用交易地位"和"禁止对经营活动的不当限制"两项规定。韩国反垄断执法机构对电商巨头 Coupang 进行了多次调查：在 2024 年 6 月，Coupang 及其子公司 CPLB 因使用机器学习、人为调整等方式，将主要包括平台自营产品和供应商返利产品提升至搜索列表前列，KFTC 认定其存在不公平交易行为并处以约 1.02 亿美元的罚款；同年 8 月，KFTC 指控 Coupang 在大幅提高会员

费的同时，不公平地捆绑了食品配送服务 Coupang Eats 和音乐流媒体服务
Coupang Play，并向小规模卖家收取高额佣金。

　　究其根本，日本、韩国对不公平交易行为的法律治理体现于各自的反垄
断法之中，而反垄断法是在违法行为发生后，通过分析反竞争效应来判断行
为的违法性，属于典型的事后规制模式（ex post）。这种事后规制模式旨在
救济已发生的反竞争性结果，以预防性措施（经营者集中审查）为例外，在
避免过度干预市场的情况下恢复市场竞争秩序。因此，反垄断法是对个案产
生反竞争性行为后的被动救济（邓达奇、张泊宁，2022）。但是，面临应对
快速变化的市场环境，尤其是在数字平台和电子商务领域，这种侧重于事后
规制违法行为、修复竞争损害的治理模式对不公平交易行为的识别和处理可
能存在治理时间滞后、竞争损害难以修复等问题。韩国在 2024 年 9 月发布
的"促进电商平台市场竞争的立法方式"政策意见中提出，在数字经济的快
速创新性发展背景下，消费者和中小经营者对更公平市场的日益增长的需
求，与垄断性电商平台仍时常采取反竞争行为的现状之间的矛盾，敦促韩国
公平贸易委员会加快在两方面进行立法修订：其一，计划修订《垄断规制与
公平交易法》，禁止六大服务领域（交易中介、搜索引擎等）中存在的四类
反竞争行为，包括自我优待、搭售、限制多归属以及最惠国条款，同时强化
对占主导地位的平台的举证责任；其二，修订《大型零售企业公平交易法》，
旨在更好地保护处于平台与平台内经营者之间不平等交易权利动态中的中小
经营者，特别是那些在谈判中处于劣势的经营主体。[①]

　　（二）强化事前规制的数字市场竞争立法

　　实施不公平交易行为的电商平台通常与大型数字平台交错重叠，例如谷
歌、阿里巴巴、亚马逊等企业。由于数字市场具有特殊的网络效应和规模经济
等竞争特征（Lehr et al.，2019），大型平台能够迅速形成巨大的市场优势，可
能损害其他平台及平台内经营者的合法权益，而对大型平台所处相关市场的界
定与市场支配力的认定存在主观性的固有障碍。为应对这一挑战，欧盟、英
国、日本等司法辖区的执法机构采用守门人制度的监管模式，将"直接指
定"的大型平台跳脱出竞争法框架进行监管，填补反垄断执法的不足，并有
效预防大型数字平台的不公平行为带来的风险，开辟了事前监管的新路径。

　　欧盟出台《数字市场法》（DMA）、《通用数据保护条例》（GDPR）和
《数字服务法案》（DSA）等政策，明确守门人制度的监管逻辑。[②] 在这一框

---

① KFTC, Legislative Approaches to Promote Competition in E – Commerce Platform Markets（Sep. 9,
2024），https：//www. ftc. go. kr/solution/skin/doc. html? fn = 25922c592a80e1515f9d7526075bd338d
184fa8cb3ea19f865dc47bb6a7b1473&rs = /fileupload/data/result/BBSMSTR_000000002402/.

② Digital Markets Act：rules for digital gatekeepers to ensure open markets enter into force, European Com-
mission（Oct. 31，2022），https：//ec. europa. eu/commission/presscorner/detail/en/ip_22_6423.

架下，符合"守门人"标准的适格主体，其实施的特定行为将自动被视为违法，并实行一揽子事前禁止措施（王晓晔，2024），如禁止自我优待、差别待遇等滥用行为。这一制度的核心在于对守门人平台附加不对称的义务，抑制平台权力的过度扩张，保护平台内中小经营者及其他初创平台的生存发展空间。欧盟试图通过《数字市场法》同时解决公平性与可竞争性两大问题，通过事先对市场上具有支配地位的大型平台的指定与监管，界定平台行为的边界，防止潜在的不公平交易行为的发生。德国则通过《反限制竞争法》（GWB）第十修正案吸纳了守门人制度，规定由反垄断执法机构认定将"具有显著跨市场竞争影响力"（paramount significance for competition across markets）的经营者认定为"守门人"，对其施加更严厉的反垄断事前监管，并赋予联邦卡特尔局（FCO）较大的事前监管权，对数字平台的反竞争行为进行预防和干预（张素伦，2024）。英国于 2024 年 5 月通过《数字市场、竞争与消费者法》（Digital Markets, Competition and Consumers Act, DMCCA）。该法案设立了类似守门人制度，授权英国竞争与市场管理局（CMA）指认"守门人"平台，并对其施加额外监管。英国的守门人制度特别关注大平台的市场影响力及其对竞争的潜在风险，如数据收集、广告服务、搜索引擎等核心业务方面（Alexiadis，2024）。日本也在 2024 年 6 月通过《促进特定智能手机软件竞争法》，借鉴欧盟 DMA 和英国 DMCCA 的监管模式，完善对抗数字平台运营商的法律框架以维护平台市场公平竞争的环境，避免"强者更强"的市场现象。①

总体而言，守门人制度的优势在于通过设定明确且客观的标准，对相关市场中特定平台经营者进行事前监管。目前这种治理模式也已取得了一定的执法成效。例如，谷歌不久前宣布将根据《数字市场法》调整其在欧洲的搜索结果显示方式以回应广泛的竞争担忧和反垄断执法机构的持续审查，调整计划包括扩展搜索结果单元、允许比较网站和供应商网站采取能展示更多网站详细信息的新格式、专门为比较网站设计额外的广告单元。然而，这种监管模式的局限性也十分明显：其监管范围仅限于被指定为守门人的平台，现有的竞争法体系与守门人制度无法涵盖尚未达到标准的平台及其不公平交易行为。

（三）有关平台公平性与透明度的专门立法

相较于平台内中小电商经营者，电商平台本身占据信息不对称的优势，尤其是在数字平台的复杂技术堆栈和高度自动化的环境下，平台经营者能利用技术迅速调整政策或规则，导致中小电商经营者未能及时获知变化，陷入

① Japan Fair Trade Commission, Regarding the passage of the Act on Promotion of Competition for Specified Smartphone Software https：//www.jftc.go.jp/en/pressreleases/yearly-2024/June/240612.html（June 12，2024），https：//www.jftc.go.jp/file/240612EN3.pdf.

信息滞后的困境，无法采取有效的预防性减损措施。正如某些商家所言："某些平台的政策可能在一夜之间发生变化，小企业主对此无能为力。"在这种迅速变化且缺乏预警的市场环境中，传统竞争法体系面临显著挑战，因为它通常无法在如此短暂的时间内及时作出有效响应和干预。许多国家因此认为，单纯依赖传统的竞争法体系已不足以应对电商平台经营者的不公平交易行为，专门立法模式逐渐成为应对这一问题的重要治理手段。例如，欧盟和日本已相继出台针对平台透明度的立法，而韩国最新关于平台经济的立法提案也采用了单独立法的模式。

在《数字服务法》和《数字市场法》正式发布之前，欧盟已采取初步措施调整监管框架。2019 年 6 月 20 日，欧洲议事和理事会颁布了《提高商业用户使用线上中介服务的公平性和透明度的第 2019/1150 条例》（以下简称《P2B 条例》），① 旨在为平台商业模式建立公平透明的规则，调整平台经营者与平台内经营者以及消费者之间的关系，创造更加公平、透明和可预测的商业环境。该条例明确规定了调整对象，包括线上中介服务提供商和线上搜索引擎服务提供商。其中，线上中介服务提供商包含了电子商务平台经营者这类主体，细化分类涉及第三方电商平台、应用商店、有商业性质的社交媒体平台以及比价工具等（王健、季豪峥，2021）。本文我们将"电商平台经营者"作为《P2B 条例》中所指的"线上中介服务提供商"的统称。《P2B 条例》专门为电商平台经营者设置了义务性规则和争议解决机制，从两个维度完善了对电商平台不公平交易行为的治理渠道。其一，从规范平台经营者提供中介服务和行使管理属性的角度，条例对平台条款的设定与变更、限制或终止向平台内经营者提供服务，以及差别对待自营产品和第三方商家等行为作出了具体限制。其二，从营造更公平透明的电商平台商业环境的角度，条例要求提高平台在排名参考因素和数据访问规则方面的透明度，并完善内外并行的争议解决机制。平台经营者需要建立内部投诉处理系统和调解通道，同时允许行业组织、协会和公共机构等外部组织提起公益诉讼，并建立信息交流网络，以便欧盟委员会进行外部监管，从而确保平台内经营者更容易获得有效的维权渠道。因此，《P2B 条例》通过正向规范和内外监管，构建了一个更加公正、透明的平台治理框架，既有效约束电商平台经营者权力的过界扩张，又为平台内中小电商经营者提供了有力的保护，从而在规范电商平台经营者行为的公平性方面产生叠加的正向效果。

日本于 2020 年 6 月 3 日公布《关于提高特定数字平台透明性和公正性的法律》（2021 年 2 月 1 日起施行，以下简称《透明性和公正性法》）。② 该

---

① European Union，https：//eur－lex. europa. eu/legal－content/EN/TXT/? uri = CELEX：32019R1150.

② JFTC，Act on Improving Transparency and Fairness of Digital Platforms（Jun. 3，2020），https：//www. japanesel－awtranslation. go. jp/ja/laws/view/4532#je_ch2at1.

法针对规模较大的电商平台进行规范，敦促相关企业披露信息，打造透明度高的经营环境。《透明性和公正性法》针对达到一定规模的特定电子平台进行规范，要求"指定数字化平台提供商"（specified digital platform provider, SDPP）必须公开其服务条款的条件，并采取措施促进平台和平台内其他商家之间的相互理解。通过提高环境透明度、促进交易方之间的沟通，有助于消除平台经营者与平台内经营者之间可能存在的信息不对称所导致的不公平问题。为加强监管，《透明性和公正性法》还建立了平台运营商备案制度，具备法律规定规模的数字平台运营商需要向经济产业大臣备案，并被指定为特别需要致力于主动改善数字平台透明性和公正性的主体。这一备案制度不仅强化了政府的监管职能，也确保了平台经营者在遵循透明和公正原则的同时，能够接受外部监督，避免不公平交易行为的发生。

　　韩国也认识到，数字经济时代网络效应的增强引发了市场集中的加速，且无接触式交易的激增进一步加剧了平台与平台内商家之间的不对称关系。因此，有必要为在线平台领域的不公平交易行为设立公平、协作共赢的交易环境。为此，一方面，公平交易委员会于 2020 年公布了以欧盟《P2B 条例》立法思路为参考依据的《网络平台中介交易公平化法》（草案）。① 该法案的核心原则是提升平台经营者与入驻商家之间交易行为的透明度与公平性，旨在通过结合行为违法性判断基准和实施软性规范，构建一个既不阻碍创新又能进行合理规制的专门治理框架。另一方面，2024 年 2 月，韩国政府决定撤回原计划中借鉴欧盟《数字市场法》制定的、强化事前规制的新法规——《平台公平竞争促进法案》（PCPA），从拟定的预先指定监管对象的立法思路，转向修改现有的《垄断规制与公平交易法》。政策调整后，监管重点聚焦于主要在线平台已发生的反竞争行为，并通过加重惩罚和提高举证责任的手段加强对在线平台的监管。两方面的立法趋势共同表明，专门立法思路在韩国治理平台不公平交易行为的实践中展现了广泛的适应性与灵活性。

　　总之，域外治理平台不公平交易行为已经有了重大进展。各国通过数字市场竞争立法和有关平台公平性与透明度的专门立法，逐步填补了传统竞争法无法完全应对的窘境，为更加有效地治理提供了新的法律路径。

四、我国电商平台不公平交易行为法律治理的优化方案

　　我国应立足自身电商平台的发展特征和现行法律体系，借鉴域外三种治理思路中的有益举措，进一步优化我国电商平台不公平交易行为的法律治

---

① KFTC, Pre - announcement of legislation of Act on Fair Intermediate Transactions on Online Platforms（Sep. 28，2020），https：//www.ftc.go.kr/solution/skin/doc.html? fn = 6bb54edacaaafdbae75ccbb96bcc8554a97d8e707372bdf010625b1a87b573b9&rs =/fileupload/data/result/BBSMSTR_000000002402/.

理，明确执法标准与监管责任，为确保平台内中小经营者的公平权益和良好的市场竞争秩序提供完善的法律保障。

（一）区分不同的不公平交易行为精准施策

电商平台的不公平交易行为既可能影响市场的可竞争性，也可能损害市场的公平性。这一特点决定了在治理电商平台的不公平交易行为时，需根据具体情境精准施策。

首先，针对涉及可竞争性问题的不公平交易行为，其治理的核心在于限制电商平台滥用市场力量。竞争法通过识别和规制违法行为中的反竞争效应，有助于抑制平台行为对市场竞争的负面影响。例如，当平台利用其市场支配地位，实施强制性"二选一"策略排挤竞争性平台，或通过其他限制竞争的行为维持市场主导地位。这类行为直接影响平台内中小电商企业，并间接对电商平台市场的竞争秩序造成损害，应通过竞争法予以规制，有效规范平台滥用市场支配地位行为，防止其通过不正当手段破坏市场竞争秩序，保障其他平台和平台内其他中小电商企业的竞争空间，从而维护消费者的选择权和市场的健康竞争秩序。

其次，针对涉及公平性问题的不公平交易行为，部分行为可以由竞争法规制，但也有行为仅违反公平交易原则，无法通过竞争法规制。这些行为主要表现为平台在交易规则、信息披露、交易透明度等方面的不公平，可能并不直接构成反竞争行为，但仍严重影响市场的公正性和市场参与者的基本权益。例如，平台在规则制定过程中缺乏透明度，未向平台内中小企业明确告知"自动跟价"工具功能，或强制平台内企业参与促销活动，导致中小企业在不对称信息的情况下，主动作出有益于平台经营者的不公平交易决策，甚至被剥夺了自主决策权，陷入被动默许的局面。不仅如此，平台经营者还可能通过不公平的入驻费用设定、隐性收费等方式，侵犯平台内中小企业正常的经营活动，最终损害消费者的基本权益和市场的公平性。对于这类仅涉及公平性而非竞争性问题的不公平交易行为，一旦竞争法被排除适用，还需要通过其他部门法和原则性规定加以规制，包括消费者保护法、商业道德规范等。与此同时，平台本身也应承担更多的社会责任，通过强化自律与透明化运作，进一步提升平台的公平性和透明度。为此，平台可以实施公平性审计和竞争影响评估，通过全面检查与定期抽查相结合的方式，分析平台规则对市场竞争和交易公平的潜在影响，并根据评估结果及时调整平台规则和运营策略，以确保其交易行为符合公平竞争的基本要求。例如，对于涉及商家权益的重大规则变更，平台应提前公示并设置合适的意见征询期，为平台内中小电商企业提供表达意见的渠道。在征询期结束后，对收到的合理关切予以反馈，并与相关商家充分沟通，避免因规则调整引发的不公平交易问题。并且，平台可以建立长期的用户反馈机制与商家意见征集制度，鼓励平台内商家及消费者提出改进建议，通过多方合力共同完善平台治理。

此外，引入外部监督力量也是提升平台公平性的重要举措。例如，探索设立独立的监督机构或第三方评估机构，借助外部监督力量以确保平台规则的公平性，协调平台与中小电商企业之间的利益关系。平台内部自律有助于平台快速响应市场变化，通过主动调整规则来降低监管的介入成本。而外部监督可以有效防止平台利用信息优势规避责任。将内部自律与外部监督相结合，不仅有助于减少不公平交易行为的发生，还能在一定程度上修正内部治理可能存在的偏差、弥补外部监管滞后性的弊端，提升平台治理的高效性与整体竞争力。

因此，尽管竞争法在一定程度上可以应对不公平交易行为中涉及公平性的问题，但更全面的治理方案仍需要多种法律的协同适用。竞争法的重点应当优先放在处理涉及市场竞争性问题的不公平交易行为上。同时，平台经营者自身也应承担起治理责任，通过内部机制加强自律，从而促进市场公平与竞争性的可持续发展。

（二）强化事前规制的数字市场竞争立法尚不成熟

域外强化事前规制的数字市场竞争立法已经为较多的国家所采用。例如，欧盟《数字市场法》和英国《数字市场、竞争与消费者法》通过守门人制度，对特定具有显著市场影响力的平台进行事前预防性规范。这类创新性立法尽管在实践中取得了一定成效，但其适用过程中仍存有诸多不足，显示出事前规制在理论设计与实践操作上尚不成熟。

以欧盟《数字市场法》为例，该法对特定大型平台实施了严格的行为义务，但这种"一刀切"的规制方式引发较大争议。欧盟委员会于 2023 年 9 月 6 日首次指定六家企业为守门人平台：Alphabet、亚马逊、苹果、字节跳动、Meta 和微软。上述企业提供了 22 项核心平台服务（core platform service），这些核心平台服务需要遵守 DMA 规定的相关义务。但实际上，不同平台在行业特性、市场环境及发展阶段上具有显著差异，守门人制度对平台行为的事前限定可能忽略这些差异，进而导致监管范围不恰当的问题。例如，一些具有区域性市场影响力的中型平台因未达到守门人标准而规避法律义务，反而形成新的不公平竞争现象。英国的《数字市场、竞争与消费者法》在制度设计上更加精细，通过明确行为规则为平台合规提供了较高的确定性。然而，这也意味着企业在适应合规要求时面临显著增加的成本压力。部分企业可能因此选择缩减在相关市场的投资规模，这种趋势会对数字市场的长期发展产生潜在负面影响。

域外强化事前规制的数字市场竞争立法经验无疑对我国具有一定的借鉴意义，但我国若直接引入守门人制度，势必面临较大的争议和挑战，具体表现在以下两方面：其一，国内法律体系的复杂性可能引发法律适用冲突。我国目前针对数字平台的法律规定涵盖了《电子商务法》《中华人民共和国网络安全法》《中华人民共和国数据安全法》等多领域，涉及数据保护、市场竞争、消费者权益等多方面内容。与欧盟的《数字市场法》不同，我国现有的法律体系已形成多重监管框架，如果新增一部强化事前规制的法律，可能与现有法律的适用框架重叠，加剧与现有法律之间的衔接难题，导致法律适用的不确定性和复杂性。其二，事前锁定守门人平台的逻辑与我国滥用市场支配地位制度分析以相关市场界定为起始步骤相悖。我国反垄断法强调通过界定相关市场作为认定平台势力的前提，而采用类似欧盟的守门人制度则会跳过相关市场认定（张钦昱，2021；姚娜，2023）。这种做法虽然在实践中提升了监管效率，但与我国现行的竞争法逻辑存在根本上的冲突。如果不经过相关市场界定直接实施事前监管，可能会产生对市场结构和竞争态势的误判，增加过度监管数字市场的风险，进而影响政策的精准性和有效性，最终对平台领域的创新和健康发展产生不利影响。

因此，由于我国法律体系的复杂性，以及事前规制与现有反垄断分析框架的冲突，目前我国引入"守门人"制度以强化事前规制的竞争立法仍不够成熟。未来的数字市场立法应更加注重现有法律的整合与协调，确保法律适用的清晰性和稳定性，并在实践中逐步积累经验，为最终的立法完善提供有力支撑。

（三）探索专门立法的治理方案

鉴于我国电商平台市场的迅猛发展以及数字经济在国民经济中重要性的日益凸显，现行《电子商务法》虽对电商平台的基本运营规则有所规制，但其在应对平台不公平交易行为以及调节由此引发的利益失衡方面仍显力度不足。尤其是在平台经营者与平台内中小电商经营者之间力量对比悬殊的情况下，现有法律框架未能充分体现针对性与实效性，既难以有效规范不公平交易行为，也未能从根本上提升整体电商平台商业模式的交易公平性和透明度。考虑到以强化事前规制为核心的数字市场竞争立法尚缺乏成熟的发展条件，我国亟须探索替代路径，将专门立法治理电商平台不公平交易行为的议题提上日程，从而构建更加公正、透明、可持续的电商平台法律秩序。

具体而言，最优先的方案是借鉴欧盟、日本等国家治理不公平交易行为的专门立法模式，制定一部中国版的《网络平台中介交易公平法》。该专门法律的出台，将使对电商平台不公平交易行为的治理更加高效和精准。执法机关可以聚焦平台在交易过程中实施的具体不公平行为，直接依据该法律进行监管，而无需依赖传统竞争法中对平台市场支配地位的认定。这种方式不仅有助于有效遏制大型平台的滥用行为，还能防止中小平台因不公平交易行为而损害其他商家和终端消费者的权益。该法应以提升电商平台交易规则透明度和强化交易公平性为核心，以明确平台经营者的行为义务为重点，并着力解决信息不对称、规则不透明和不公平待遇等问题（王健、季豪峥，

2021）。该法律应包含以下四方面的举措，优化对电商平台的规制：第一，强化透明度规则。平台经营者应公开关键的交易规则，例如流量分配标准、佣金比例调整依据、促销活动参与条件等。与此同时，针对平台条款的设定与变更，应明确规定公示与协商机制，确保平台内经营者的知情权与决策权，以防止信息不对称带来的隐性不公。第二，明确非歧视性义务。该法需明令禁止平台对不同商家设置差别待遇，如不合理的入驻门槛、隐性费用或流量分配歧视等，确保平台规则在执行过程中具有一致性与公平性，杜绝平台因自身商业利益导向而干预市场竞争的行为。第三，完善争议解决机制。多层次的争议解决机制是确保法律有效执行的关键。该法的争议解决机制应包含平台内部申诉、仲裁程序以及外部监督机制，从根本上改善平台的治理结构，保障平台内中小电商经营者的合法权益。第四，强化平台社会责任。将平台自律纳入立法，要求平台经营者履行更高的社会责任。同时，可以设置合适的激励机制，让平台积极承担平台治理义务和准公共服务功能，在消费者权益保护和公平交易秩序维护方面发挥作用。通过法律的明确规定和激励机制，促进平台将经济利益与社会价值相结合，推动电商生态的健康发展。

单独的专门立法虽然是治理电商平台不公平交易行为的理想选择，但其实现过程可能面临立法成本过高以及多部法律衔接困难的问题，可操作性较低。基于上述现实挑战，我们建议采取修改《电子商务法》作为替代性方案。在《电子商务法》的框架中增设关于"公平性和透明度"的专章，对电商平台的不公平交易行为进行更为详尽和严格的规范。这种方案不仅能在立法成本与实施效率之间形成较好平衡，还可与现行法律体系紧密衔接，避免法律体系的割裂。通过明确平台经营者在交易公平性、信息透明度、非歧视性对待商家等方面的义务和责任，修改后的《电子商务法》将进一步提升电商平台的治理水平，强化对中小电商经营者的保护，确保平台在维护商业利益时遵循公平、公开的原则。

五、余　　论

习近平总书记在 2022 年全国专精特新中小企业发展大会上要求，各级党委和政府要坚决贯彻落实党中央决策部署，为中小企业发展营造良好环境，加大对中小企业支持力度，坚定企业发展信心，着力在推动企业创新上下功夫，加强产权保护，激发涌现更多专精特新中小企业。[①] 电商平台作为促进中小企业创新和市场拓展的关键载体，必须在构建公平透明的交易环境方面发挥积极的推动作用。与此同时，《关于开展"携手行动"促进大中小

[①] 《着力在推动企业创新上下功夫　激发涌现更多专精特新中小企业》，载《人民日报》2022 年 9 月 9 日 01 版。

企业融通创新（2022—2025 年）的通知》也提出了搭建中小企业跨境撮合平台的策略，这为电商平台的国际化发展提供了新的契机。在这一过程中，电商平台企业应主动承担起推动商业环境公平与促进创新的责任，通过优化平台规则和提升透明度，帮助中小企业融入全球产业链和供应链，提升其跨国经营能力和竞争力。因此，电商平台不仅是商业创新的引领者，更是促进中小企业发展的重要支撑。平台经营者应在保障交易公平性和透明度方面主动作为，这不仅有助于提升自身平台的社会责任感和市场声誉，更将为平台的长远发展赢得更大的发展机遇与空间。通过健全法律体系、加强政策支持以及平台自我规范，可以实现平台与中小电商经营者的共同成长，推动数字经济向更加公平、可持续的方向发展。

参 考 文 献

[1] 陈兵、林思宇：《数字经济领域数据要素优化配置的法治进路——以推进平台互联互通为抓手》，载《上海财经大学学报》2022 年第 3 期。

[2] 村上政博：《日本禁止垄断法》，姜姗译，法律出版社 2008 年版。

[3] 戴龙：《关于〈电子商务法〉对滥用优势地位规制的适用研究》，载《价格理论与实践》2019 年第 2 期。

[4] 戴龙：《论我国〈电子商务法〉竞争规制条款的适用》，载《法治研究》2021 年第 2 期。

[5] 丁晓东：《网络中立与平台中立——中立性视野下的网络架构与平台责任》，载《法制与社会发展》2021 年第 4 期。

[6] 郭宗杰、崔茂杰：《电商平台"二选一"排他性交易法律适用研究》，载《中国应用法学》2020 年第 2 期。

[7] 焦海涛：《滥用相对优势地位的性质区分与规制体系》，载《交大法学》2024 年第 6 期。

[8] 李昌麒：《经济法学》，法律出版社 2008 年版。

[9] 漆多俊：《经济法基础理论》，法律出版社 2017 年版。

[10] 全玲贤：《韩国滥用交易地位行为规制研究》，载《法治研究》2016 年第 5 期。

[11] 孙晋、马姗姗：《数字平台自我优待的反垄断规制困境与优化进路》，载《法治研究》2024 年第 1 期。

[12] 孙晋：《数字平台"二选一"行为的反垄断法公共规制》，载《政法论丛》2024 年第 2 期。

[13] 涂延辉：《电商平台交易规则的特殊性及其法律属性认定研究》，载《四川轻化工大学学报（社会科学版）》2023 年第 5 期。

[14] 涂玉华、何燕：《跨境电商：政策与实务》，西南财经大学出版社 2020 年版。

[15] 王健、季豪峥：《我国电商平台交易公平性和透明度规则研究》，载《经贸法律评论》2021 年第 4 期。

[16] 王晓晔：《论电商平台"二选一"行为的法律规制》，载《现代法学》2020 年第 3 期。

［17］ 王晓晔：《论滥用"相对优势地位"的法律规制》，载《现代法学》2016 年第 5 期。

［18］ 王晓晔：《我国平台经济反垄断监管"欧盟模式"批判》，载《法学评论》2024 年第 3 期。

［19］ 王玉辉：《滥用优势地位行为的违法性判定与规制路径》，载《当代法学》2021 年第 1 期。

［20］ 徐士英：《日本反垄断法的理论与实践研究》，中南大学博士论文，2006 年。

［21］ 杨立新：《电子商务平台经营者自营业务的民事责任》，载《求是学刊》2019 年第 1 期。

［22］ 姚宜君、陈永国：《电子商务平台自我优待行为的法律分析》，载《河北经贸大学学报（综合版）》2022 年第 3 期。

［23］ 袁波：《电子商务领域"二选一"行为竞争法规制的困境及出路》，载《法学》2020 年第 8 期。

［24］ 张钦昱：《数字经济反垄断规制的嬗变——"守门人"制度的突破》，载《社会科学》2021 年第 10 期。

［25］ 张素伦：《平台企业的双重面向及反垄断监管因应——兼论我国"守门人"制度的构建》，载《河北法学》2024 年第 1 期。

［26］ 张学军：《互联网服务不正当竞争行为辨析》，载《竞争政策研究》2015 年第 2 期。

［27］ 郑佳宁：《混合型服务平台的法律责任承担——以外卖送餐平台为蓝本》，载《社会科学辑刊》2023 年第 3 期。

［28］ 朱理、曾友林：《电子商务法与竞争法的衔接：体系逻辑与执法展望》，载《中国社会科学院研究生院学报》2019 年第 2 期。

［29］ Alexiadis, P., 2024: The UK's Digital Markets, Competition and Consumers Act: A Targeted Approach to Tech Regulation, *Business Law International*, Vol. 25, No. 3.

［30］ Areeda, P. E. and Hovenkamp, H., 2023: *Antitrust Law*, 5th ed.

［31］ Case, M., 2021: Google, Big Data, & Antitrust, *Delaware Journal of Corporate Law*, Vol. 46, No. 2.

［32］ Etro, F., 2023: E-commerce platforms and self-preferencing, *Journal of Economic Surveys*, Vol. 38, No. 4.

［33］ Graef, I., 2020: Differentiated Treatment in Platform – to – Business Relations: EU Competition Law and Economic Dependence, *Yearbook of European Law*, Vol. 38, No. 1.

［34］ Landis, W. M. and Posner, R. A., 1981: Market Power in Antitrust Cases, *Harvard Law Review*, Vol. 94, No. 5.

［35］ Varoufakis, Y., 2024: *Technofeudalism: What Killed Capitalism*, Melville House.

Legal Governance of Unfair Trading Practices on China's E-commerce Platforms

Jian Wang   Jiani Wu

Abstract: Unfair trading practices committed by e-commerce platforms have gradually become a key factor threatening the survival of small and medium-sized e-commerce enterprises within the platforms and undermining the order of market competition. In practice, the complex and diverse unfair trading practices implemented by e-commerce platforms generally include unfair trading practices that exclude competition from other e-commerce platforms, unfair trading practices that exclude small and medium-sized e-commerce enterprises from competing with them on the platforms, as well as other forms of unfair trading practices implemented against small and medium-sized e-commerce enterprises. Although China's existing legal system has constructed a multi-level regulatory framework in this regard, there are overlaps or gaps in the definition of the concept of unfair trading practices, regulatory targets and application mechanisms, leading to confusion in the application of the law and insufficient basis for law enforcement. Based on the experience of the extraterritorial governance of unfair trading practices on platforms, China should clearly prioritize the application of competition law to unfair trading practices involving competition issues. Meanwhile, in view of the fact that competition legislation in the digital market, which strengthens ex-ante regulation, is still in an imperfect stage, it is recommended to explore the establishment of a special legal framework focusing on the fairness and transparency of platforms, so as to gradually promote the effective governance of unfair trading practices on e-commerce platforms.

Keywords：E-commerce Platforms　Unfair Trading Practices　Fairness　Competitiveness　Legal Governance

JEL Classification：K21　L14　I41

第 24 卷第 1 辑　　　　　　　产业经济评论（山东大学）　　　　　Vol. 24　No. 1
2025 年 3 月　　　　　　　Review of Industrial Economics　　　　March 2025

纵向约束与产品质量：基于平台质量认证视角

王自力　　叶裕聪[*]

摘　要：厂商借助平台认证服务能够降低产品质量成本，提高产品质量，但厂商利润最大时的产品质量低于平台利润最大时的产品质量。在不同条件下，具有市场势力的平台可以分别使用两部收费、最低质量、限定交易等纵向约束合约，促使厂商提高产品质量，并有助于社会福利改善。但平台间竞争会弱化平台使用纵向约束合约能力，在给定平台认证服务水平下会导致产品质量下降。因此，当平台具有质量认证服务功能时，对平台纵向合约的竞争效果评估应该考虑其对产品质量的具体影响。

关键词：质量认证　产品质量　纵向约束　平台竞争

一、引　　言

由于互联网市场中买家与卖家无法面对面交易，"柠檬市场"问题天然高于线下市场（陈艳莹、李鹏升，2017），正因如此，互联网市场出现伊始时被人们视为低质廉价的同义词。不过，随着众多知名平台如天猫、京东、唯品会等推出一系列"质量认证"机制设计，如消费者评价、无条件退款等，越来越多的高质量品牌产品被消费者用鼠标点击购买，质量竞争一度成为互联网市场的热词。

正如一些经典研究发现的，卖家商品质量通过第三方认证的方式往往更容易被消费者认可（Viscusi，1978；Elfenbein et al.，2015；陈艳莹、李鹏升，2017），因此，知名电商平台对质量认证的关注无疑将有助于解决"柠檬市场"难题。值得注意的是，与传统的质量认证服务不同，商家在平台的认证服务并不是直接付费购买，而是间接付费。由此产生的问题是，产品质

---

* 本文受国家自然科学基金地区项目"转售价格维持与最优订货"（72163012）、江西省社会科学基金重点项目"平台—厂商交叉锁定、线上市场高价及其反垄断治理"（24JL01）、江西省高校人文社会科学重点研究基地项目（JD24023）、江西省赣鄱英才高端人才支持项目资助。感谢匿名审稿人的专业修改意见！

王自力：江西财经大学数字经济学院；地址：南昌市经济技术开发区双港东大街 169 号，邮编 330013；E-mail：13077958258@163.com。

叶裕聪：江西财经大学数字经济学院；地址：南昌市经济技术开发区双港东大街 169 号，邮编 330013；E-mail：cyy2659@163.com。

量提高给商家带来的边际收益与边际成本，以及给平台带来的边际收益与边际成本，二者很可能是不一致的，并导致双方对最优质量投入的要求存在差异。例如，平台对产品评价体系投入越高，产品评价体系越合理，产品就越容易得到消费者客观合理的评价；同时，产品本身质量越高，高质量产品自然也越容易获得"5A 好评"，并获得销量增长，而平台也能从销量增长中获得更高利润分享（抽成或入驻费）。因此，双方都有提高产品质量的动力。但商家的质量激励由产品的边际利润与质量提高的边际成本决定，而平台的质量激励由利润分成与认证服务的边际成本决定，二者很可能不一致，因而产品质量提高的激励也必然不一致。平台与厂商能够调整这种激励不一致并实现激励兼容吗？

另一个值得关注的现象是，近年来随着电商平台数量的增加，各大平台均推出了一系列质量认证服务，以吸引厂商及消费者入驻，质量竞争一度成为热词。据媒体报道，京东在 2022 年底一场内部讲话中 10 多次提及低价；2023 年 3 月，淘宝推出"五星价格力"工具，"低价成为这一阶段电商平台的核心竞争手段，并很快从淘宝、京东电商阵营蔓延到整个电商市场"。然而，随着平台之间的竞争加剧，质量竞争似乎迅速让位于价格竞争，一些高质量产品频频出现在低价平台，引发人们对产品质量的担忧（曲创、刘重阳，2019）。平台之间的竞争角力是如何影响厂商质量决策的，仍然是一个未知黑箱。

围绕上述关注点，本文构建了一个简单的厂商——平台质量决策模型。在消费者质量纵向差异化模型下，我们假设平台认证服务具有规模经济特征，厂商质量成本边际递增，但在获得平台认证服务后成本下降。我们研究发现，对于厂商产品质量的边际成本，厂商承担的比重高于平台承担的比重，因此厂商独立决策的质量水平低于平台的最优水平，同时也低于社会最优水平。有势力的平台可以利用纵向约束迫使厂商提高产品质量，并实现帕累托改善。平台间竞争会弱化平台市场势力及纵向约束能力，降低产品质量水平。

本文对纵向约束文献是一个新的拓展和补充。Marvel and McCafferty（1984）在其经典论文中敏锐地指出，零售商向消费者提供质量认证服务，当然认证服务本身需要成本。因此高声誉零售商需要从高质量产品销售中获取相对更高的收入，以补偿认证成本。但认证服务存在"搭便车"问题：一旦高质量零售商销售该产品，其他低质量零售商就可以低价销售该产品，而消费者也可以从高声誉零售商销售该产品这一信息中判断出该产品为高质量，因而消费者会在低价零售商处购买，但这就使得高声誉零售商的销售收入不足以补偿认证服务投入，导致高声誉零售商拒绝销售该产品。因此，制造商实施最低零售价，可以让高声誉零售商在产品销售中更具有优势，从而有激励为该产品提供质量认证服务。因此，在 Marvel and McCafferty（1984）

的研究中，无论是 RPM 或是拒绝交易，都是由厂商主动实施，是向零售商购买认证服务的合理出价方式。但在本文中，纵向约束是由平台主动实施，是平台向厂商"出售"质量认证服务的一种要价方式，其根本原因在于认证服务本身无法通过合约明确定价。

本文对异质性平台竞争与产品质量的关系给出了一个新的解释。在消费者质量偏好存在纵向差异这一现实背景下，一方面，平台会加强质量认证，以吸引厂商和消费者入驻，这会激励厂商提高产品质量；另一方面，竞争性平台出现会降低厂商拒绝平台纵向约束的机会成本，这又会使得平台使用纵向约束的能力下降，失去对厂商质量调节的杠杆。由于平台质量认证系统很难在短期内出现大的提高，因此，竞争性平台的出现往往会使得厂商选择相对更低的质量。如此，互联网市场中平台认证服务竞争在短期内不仅没有引起产品质量提高，还有可能引起产品质量下降。平台在不同场景下实施纵向约束时，厂商的最优质量设计不同，拒绝纵向约束的机会成本也不同，这就可以使得我们对平台实施纵向约束的条件进行具体考虑。这将有助于识别纵向约束的实施动机，对反垄断政策的实施具有明确的政策含义。

二、模 型 设 定

假设市场中有 n 种产品，产品 $i(i \in n)$ 具有标准化为 1 的潜在消费者，产品 i 质量 $q \in [0, 1]$，消费者 j 对产品质量 q 偏好为 t_j，$t_j \in [0, 1]$，q、t_j 服从均匀分布。特别地，每个消费者 j 对产品具有最低质量要求 t_j，即消费者 j 不会购买任何 $q < t_j$ 的产品。具有 q 质量的产品对消费者 j 的效用为：

$$u_{j,i} = \begin{cases} v + t_j q, & \text{when } q \geq t_j \\ 0, & \text{when } q < t_j \end{cases} \tag{1}$$

其中 v 为消费者对 q 质量产品的基本效用，$v \geq 0$。式（1）显示了消费者对质量偏好具有纵向差异化：不同消费者对相同质量评价不同，且产品质量越高，对高偏好消费者带来的效用增加越大。

厂商通过线上市场向消费者销售产品的一个重要前提是必须能够向消费者提供产品质量信息。由于信息不对称，消费者总是担心厂商将低质量产品声称为高质量产品，而且越是高质量产品偏好消费者，越是担心高价格是否会购买到劣质产品，因此，产品质量越高，厂商需要向消费者证实并销售高质量产品的成本也越高。为了与上述特征保持一致，我们假设厂商销售质量为 q 产品的成本为 $c(q) = F + aq^2$，其中 F 为固定成本。

根据质量认证理论，厂商产品质量通过第三方认证的方式更容易被消费者认可（Elfenbein et al.，2015）。现实中，电商平台设计了一系列质量认证制度，如消费者评价、退货或退款保证等，极大降低了"柠檬市场"问题的发生。因此，我们假设平台 A 具有完善的质量认证体系，厂商在加入平台 A

后销售成本下降为 $c(q) = F + bq^2$，$b < a$。当然，平台 A 实施质量认证系统也需要投入资源，我们可以合理地假设平台质量认证成本为 $C(q) + G$，其中 G 为平台建设质量认证体系的固定成本，标准化为 0。平台的质量认证系统可以被众多产品同时使用，因而具有规模经济特征，且对于专业化平台来说，识别高质量产品较识别低质量产品更为容易，因此，我们假设 $\dfrac{\partial C(q)}{\partial q} < 0$。

博弈时序如下：第一阶段，平台向厂商给出入驻平台的合约，我们分别讨论线性收费、两部收费、最低质量、限定交易几种合约形式。厂商接受合约的条件是利润非负。第二阶段分为两种情形，一是厂商接受平台合约时，厂商销售成本为 $c(q) = F + bq^2$。二是厂商拒绝平台合约时，厂商销售成本为 $c_r(q) = F + aq^2$；厂商决定最优产品质量以实现自身利润最大。

三、线性定价与质量扭曲

根据逆向归纳法，我们首先求解第二阶段厂商质量决策，然后求解第一阶段平台最优合约。

（一）无平台质量认证时厂商质量决策均衡

当厂商拒绝接受平台合约时，厂商的销售成本为 $F + aq^2$。给定产品质量 q 和价格 $p(q)$，当 $u - p \geq 0$ 时，消费者购买该产品，存在边际消费者 t_k，$v + t_k q - p = 0$。$t_j \in [t_k, q]$ 的消费者购买产品，购买该产品的消费者数量为 $q - t_k$。厂商利润函数为：

$$\pi(a) = (q - t_k)(v + t_k q) - aq^2 - F \tag{2}$$

厂商对 q 决策以最大化利润，可得利润最大时的质量为：

$$\tilde{q} = \frac{v - t_k^2}{2(a - t_k)} \tag{3}$$

显然有 $\dfrac{\partial \tilde{q}}{\partial a} < 0$，即厂商质量成本越低，厂商生产的产品质量越高。式 (2) 对 t_k 求导可得，

$$\frac{\partial \pi(a)}{\partial t_k} = q^2 - 2t_k q - v \tag{4}$$

给定厂商的最优质量 $\tilde{q}$ 及相应的边际消费者 $\tilde{t}_k$，存在 $v = v_0(\tilde{q}, \tilde{t}_k)$，对于任意的 $\tilde{q}$、$\tilde{t}_k$，均有 $\tilde{q}^2 - 2\tilde{t}_k \tilde{q} - v_0 = 0$。① 当 $v \geq v_0$ 时，$\dfrac{\partial \pi}{\partial t_k} < 0$，此时

---

① 存在 v_0，当 $v < v_0$，$\dfrac{\partial \pi(a)}{\partial t_k} > 0$，此时 $t_k = 1$。也即产品对消费者的基本效用非常小时，厂商不向消费者提供任何质量认证服务。因此我们不考虑 $\dfrac{\partial \pi(a)}{\partial t_k} > 0$ 的情形。

$t_k = 0$ 时厂商利润最大，厂商最优定价为 $p = v + 0 \times q = v$，均衡时质量为：

$$\tilde{q} = \frac{v}{2a} \tag{5}$$

此时厂商利润为 $\pi(\tilde{q}) = \frac{v^2}{4a}$。当 $v_0 < v < 2a$ 时，$\tilde{q} < 1$，市场中 $t \in [0, \tilde{q})$ 的消费者实现需求，但 $q > \tilde{q}$ 的高质量偏好消费者因市场中产品质量低于其偏好而不能实现需求。当 $v \geq 2a$ 时，厂商生产产品质量为 1，且市场中所有消费者都实现购买。

如此，我们得到引理 1：

引理 1：若 v 使得 $\frac{\partial \pi(a)}{\partial t_k} < 0$，①当 $v < 2a$，厂商最优质量决策为 $\tilde{t}_k = 0$，$\tilde{q} < 1$，$t \in (\tilde{q}, 1]$ 的消费者因产品质量过低而无法购买。②当 $v \geq 2a$，厂商最优质量决策为 $\tilde{t}_k = 0$，$\tilde{q} = 1$，市场中所有消费者均购买产品。

当 $\frac{\partial \pi(a)}{\partial t_k} = 0$，厂商设定最优的 $\tilde{q} = \frac{v - \tilde{t}_k^2}{2(a - \tilde{t}_k)} > 0$ 和 $\tilde{t}_k = \frac{\tilde{q}^2 - v}{2\tilde{q}} > 0$。给定 v，存在 $a = \hat{a}(v)$ 使得 $\frac{v - \tilde{t}_k^2}{2(a - \tilde{t}_k)} = 1$，当 $a \leq \hat{a}$，厂商设定最优质量 $\tilde{q} = 1$，市场中 $t \in [\tilde{t}_k, 1)$ 的消费者实现需求，$t \in [0, \tilde{t}_k)$ 的低偏好消费者因厂商定价过高而无法实现需求；当 $a > \hat{a}$，厂商最优产品质量为 $\tilde{q} < 1$，市场中 $t \in (\tilde{t}_k, \tilde{q}]$ 的消费者能够实现需求，一部分低偏好消费者（$t < \tilde{t}_k$）因为价格过高，以及一部分高偏好消费者（$t > \tilde{q}$）因产品质量低于其质量偏好，均不购买该产品。如此，我们得到引理 2：

引理 2：若 v 使得 $\frac{\partial \pi(a)}{\partial t_k} = 0$，则有 $\tilde{t}_k(v) > 0$，始终存在部分低质量偏好消费者因为价格过高而无法购买。并且存在 $\hat{a}$ 使得 $\frac{v_0 - \tilde{t}_k^2}{2(\hat{a} - \tilde{t}_k)} = 1$，①当 $a > \hat{a}$，厂商最优质量决策为 $\tilde{t}_k > 0$，$\tilde{q} < 1$，一部分低偏好消费者和一部分高偏好消费者不会购买该产品；②当 $a \leq \hat{a}$，厂商最优质量决策为 $\tilde{t}_k > 0$，$\tilde{q} = 1$，市场中仅有一部分低质量偏好消费者不购买该产品。

（二）加入平台后厂商利润及质量决策

如果厂商加入平台，厂商质量成本下降为 $bq^2 + F$，但需要按销售收入向平台缴纳 δ 抽成。仍然按照逆向归纳，我们首先求解厂商利润函数，然后求解平台的最优收费。

厂商加入平台后利润函数为：

$$\pi_b = (1 - \delta)(q_b - t_{kb})(v + t_{kb} q_b) - b q_b^2 - F \tag{6}$$

其中下标 b 表示平台线性定价条件下，厂商加入平台后的相应变量。由一阶条件可知，使得 π_b 最大的 q_b 为：

$$\tilde{q}_b = \frac{(v - t_{kb}^2)(1 - \delta)}{2b - 2(1 - \delta) t_{kb}} \tag{7}$$

与之前分析类似，存在与引理 1 和引理 2 对应的两种情形。在引理 1 情形下，厂商边际消费者仍然为 $t_{kb} = 0$，但设定质量 $\tilde{q}_b = 1$ 的条件由 $v > 2a$ 转变为 $v > 2b$，也即厂商设定高质量的集合扩大了。

在引理 2 情形下，厂商最优决策为 $t_{kb} > 0$，此时 $\tilde{q}_b = \frac{(v - t_{kb}^2)(1 - \delta)}{2b - 2(1 - \delta) t}$。当 $\tilde{q}_b < 1$，由于厂商加入平台后质量必定上升，否则平台无法在厂商保持原利润时获得利润分享[①]，因此必定有 $\tilde{q}_b > \tilde{q}$。也即一定有 $\frac{b}{1 - \delta} \leqslant a$。当 $\tilde{q}_b = \tilde{q} = 1$，由隐函数定理可知，$\frac{\partial t_k}{\partial a} > 0$，也即质量认证成本下降会扩大购买产品的低偏好消费者数量。

给定厂商的最优质量反应函数 $\tilde{q}_b(\delta)$，线性定价时，平台设定最优的 δ 以最大化利润函数：

$$\max_\delta \Pi = \delta_b \tilde{q}_b v - C(\tilde{q}_b) \tag{8}$$

$$\text{s. t.}: \quad \pi_b - \pi(a) = (1 - \delta_b) \tilde{q}_b v - b\tilde{q}_b^2 - F - \pi(a) \geqslant 0 \tag{9}$$

式（9）取等式可得平台选择 $\delta_b = 1 - \frac{b\tilde{q}_b^2 + F + \pi(a)}{v\tilde{q}_b}$ 获得最大利润。将 $\tilde{\delta}_b$ 代入式（8）即可根据平台利润最大的一阶条件求得最优的 $\tilde{q}_b(\tilde{\delta}_b)$，$\tilde{q}_b > \tilde{q}$。但注意到，虽然 $\tilde{\delta}_b$ 使得平台获得了全部行业利润，但 $\tilde{\delta}_b$ 却并没有实现行业利润最大，因而也没有实现平台利润最大。行业利润为：

$$\Pi + \pi_b = q_b v - b q_b^2 - F - C(q_b) \tag{10}$$

实现行业利润最大的质量水平为：

$$q_b^* = \frac{v - \frac{\partial C(q_b)}{\partial q_b}}{2b} \tag{11}$$

很容易验证，$\tilde{q}_b < q_b^*$。如此，我们可以得到命题 1：

命题 1：线性定价下，厂商产品质量低于行业或平台的最优水平。

命题 1 说明，平台无法通过简单的线性定价获得全部行业利润。由式（8）可知，$\frac{\partial \Pi}{\partial \tilde{\delta}_b} > 0$，$\frac{\partial \Pi}{\partial \tilde{q}_b} > 0$，而当式（9）取等式时，由隐函数定理可知，$\frac{\partial q_b}{\partial \tilde{\delta}_b} < 0$，因此平台在激励设计中存在两难：高提成将导致低的质量水平，会

[①]　先考虑厂商仅一次性支付向平台购买成本的费用后，此时最优质量提高并较之前利润提高。然后厂商通过提成获取厂商的额外利润，并使厂商利润与之前保持一致。由于收费后的利润要补偿成本，因此质量必须更高。

导致整个行业利润下降，因而平台能够实际提取的利润份额也自然下降；但如果平台降低抽成比例，虽然能够提高厂商质量水平并提高整个行业利润，但却必须分享一部分利润给厂商。上述两难问题使得行业利润始终会偏离最优水平。简单的线性定价无法解决这一两难问题并实现平台利润最大。

四、两部收费均衡

（一）厂商决策

当能够实施两部收费时，平台向厂商提供两部收费 $\{T, \delta_t\}$：一次性收取固定费 T，并按厂商每单位销售额收取 δ_t 比例抽成。两部收费下，厂商利润函数为：

$$\pi_t = (1 - \delta_t)(q_t - t_{kt})(v + t_{kt}q) - bq_b^2 - F - T \tag{12}$$

其中下标 t 表示在两部收费合约下，厂商加入平台后的相应变量。由一阶条件可知，使得 π_t 最大的 q_t 为 $\tilde{q}_t = \dfrac{v_k - t_{kt}^2}{2(b - t_{kt})}$，与之前分析类似，厂商在 $t_{kt} = 0$，$p_t = v$ 时利润最大。此时，

$$\tilde{q}_t = \frac{v(1 - \delta_t)}{2b} \tag{13}$$

加入平台后，厂商利润为：

$$\pi(\tilde{q}_t) = \frac{v^2(1 - \delta_t^2)}{4b} - F - T \tag{14}$$

（二）平台决策：两部收费均衡

两部收费下，平台能够选择合约 $\{\delta_t, T\}$ 以最大化平台利润函数：

$$\max_{\delta_t, T} \Pi = \delta \tilde{q}_t v - C(\tilde{q}_t) + T \tag{15}$$

$$\text{s. t. :} \quad \pi_t = (1 - \delta_t)\tilde{q}_t v - b\tilde{q}_t^2 - F - T \geq 0 \tag{16}$$

当式（16）取等式时平台才可能利润最大。将 $T = (1 - \delta)\tilde{q}_t v - b\tilde{q}_t^2 - F$ 代入式（15），平台利润为：

$$\Pi = \tilde{q}_t v - b\tilde{q}_t^2 - F - C(\tilde{q}_t) \tag{17}$$

注意到，式（17）与式（10）完全相同，即为行业利润的表达式，在该表达式中不存在 δ_t，意味着两部收费消除了 $\delta_t > 0$ 产生的质量扭曲。使得式（17）利润最大的 $\tilde{q}_t$ 为：

$$\tilde{q}_t = \frac{v - \dfrac{\partial C(\tilde{q}_t)}{\partial \tilde{q}_t}}{2b} \qquad \tilde{t}_{kt} = \frac{\tilde{q}_t^2 - v}{2\tilde{q}_t} \tag{18}$$

将式（18）的 $\tilde{q}_t$ 代入式（16）可得：

$$\tilde{\delta}_t = \frac{\partial C(\tilde{q}_t)}{\partial \tilde{q}_t}/v \qquad (19)$$

注意到，$\frac{\partial C(q)}{\partial q} < 0$，此时平台向厂商按销售量进行补贴，以提高厂商的质量激励。当然，这种补贴通过固定费的形式被平台收取，此时，$\tilde{T} = \left(v - \frac{\partial C(\tilde{q}_t)}{\partial \tilde{q}_t}\right)\dfrac{v - \frac{\partial C(\tilde{q}_t)}{\partial \tilde{q}_t}}{2b} - b\left(\dfrac{v - \frac{\partial C(\tilde{q}_t)}{\partial \tilde{q}_t}}{2b}\right)^2 - F = \frac{1}{4b}(v - \frac{\partial C(\tilde{q}_t)}{\partial \tilde{q}_t})^2 - F$。

命题 2：两部收费合约 $\{\tilde{\delta}_t = \frac{\partial C(\tilde{q}_t)}{\partial \tilde{q}_t}/v < 0,\ \tilde{T} = \frac{1}{4b}\left(v - \frac{\partial C(\tilde{q}_t)}{\partial \tilde{q}_t}\right)^2 - F\}$ 可以实现产品质量达到社会最优水平，且平台能够获得全部行业利润。

命题 1 中两部收费的实质是：平台向厂商收取一笔高于厂商利润的固定费，同时根据厂商的实际销售额向厂商提供补贴（负线性定价）。但在现实中，这种"先亏后补"的合约很难被厂商接受，因为这意味着厂商必须承担一些严重的不确定风险。一方面，固定费使得厂商成为完全的风险承担者，例如，如果市场需求波动等各种不确定性，销售达不到预期水平，厂商就必须承担全部的亏损，因而风险规避的厂商很可能会拒绝这种合约。另一方面，过高的收费有可能引发平台道德风险问题。一旦平台提前收取了全部的利润，其事后的激励就有可能被扭曲：平台降低 C(q) 的支出将节约成本，虽然这会引起销量下降，但由于事前已经通过固定费收取了全部利润，销量下降并不会对其利润造成损害，相反，由于销量下降引起的补贴减少，平台反而能够从质量水平下降、产品销售减少中获取额外利益。基于上述原因，命题 1 中的两部收费合约往往不会被厂商接受。

不难验证，一旦命题 1 中的两部收费合约不能得到完全实施，例如 $T < \tilde{T}$，或者 $\delta > 0$，则厂商的质量总是低于平台的利润最大化水平。因此，平台需要寻找其他的合约方式以激励厂商提高质量。

五、纵向约束与厂商质量提高

线性定价均衡与两部收费均衡下的质量差异，显示了因为纵向激励不兼容而产生的质量扭曲。最低质量、最低价格、限定交易行为等是几种常见的纵向约束工具，我们分别分析平台实施上述纵向约束工具时对产品质量的影响。以下分析中，我们分别以下标 q、p、d 表示对应的变量记号。

（一）最低质量限制

平台可以对厂商提供最低质量合约 $\{\underline{q} = \tilde{q}_t,\ \delta_q\}$：平台向厂商收取 δ_q 的销售提成，厂商的产品质量不能低于 $\tilde{q}_t$。由于 $\tilde{q}_t$ 高于厂商在无约束时的最优质量，因此在该合约下，厂商只能生产质量 $\tilde{q}_t$。此时厂商的利润函数为：

$$\pi_q = (1 - \delta_q)(\tilde{q}_t - t_{kq})(v + t_{kq}\tilde{q}_t) - b\tilde{q}_t^2 - F \qquad (20)$$
$$\text{s. t. : } \pi_q - \pi \geqslant 0$$

此时厂商只能选择决策 t_{kq} 以最大化利润：

$$\tilde{t}_{kq} = \frac{\tilde{q}_t^2 - v}{2\tilde{q}_t} \qquad (21)$$

很明显，$\tilde{t}_{kq}$ 与式（17）中 $\tilde{t}_{kt}$ 完全相同，且与 δ_q 无关，这意味着最低质量合约下，厂商的质量和边际消费者（定价）与两部收费合约下完全一致，且增加利润完全被平台获取。

在一阶段，给定 $q = \tilde{q}_t$，平台需要设计最优的 δ_q 以实现利润最大。厂商接受合约的条件为当 $\pi_q \geqslant \pi$。δ_q 越大，平台利润越大，因此平台选择 δ_q 使 $\pi_q = \pi$，可知：

$$\tilde{\delta}_q = 1 - \frac{b\tilde{q}_t^2 + F + \pi(a)}{v\tilde{q}_t} \qquad (22)$$

此时最低质量合约能够被厂商接受。由于 $\tilde{\delta}_q = \tilde{\delta}_t$，$\tilde{q}_q = \tilde{q}_t$，$\tilde{t}_{kq} = \tilde{t}_{kt}$，最低质量合约下平台能够获得与两部收费合约下的利润完全相同。

命题 3：最低质量合约 $\left\{ \underline{q} = \tilde{q}_t, \ \tilde{\delta}_q = 1 - \frac{b\tilde{q}_t^2 + F + \pi(a)}{v\tilde{q}_t} \right\}$ 对质量激励的效果与两部收费相同，可以实现产品质量达到社会最优水平，且平台能够获得全部行业利润。

最低质量标准虽然简明，但在具体实施中却会面临一些障碍。一是质量难以被量化并写进合约，即使合约双方能够理解具体的质量标准，也可能很难被第三方（法庭）检验；二是质量本身随着技术革新而变化，合约的不完全特征使得平台与厂商很难对质量的正常变化进行界定。因此，即使厂商在合约签订后违约生产低于 $\tilde{q}_t$ 质量的产品，平台也很难向法庭证明厂商质量低于合约要求。因此最低质量合约对厂商很可能缺乏有效约束，平台需要寻求其他合约工具激励厂商提高产品质量。

（二）限定交易

一些平台不仅本身能够为高质量产品提供质量认证，而且本身也拥有一批黏性很高的偏好高质量的忠诚消费者。接下来我们将看到，当平台具有相当数量的高质量偏好忠诚消费者时，平台可以向厂商实施限定交易合约提高产品质量及利润。限定交易合约的形式为"如果产品仅在我的平台销售，则销售抽成为 δ_d；如果产品还在其他平台销售，则销售抽成为 $\delta_d + K$"。很明显，只要 K 足够大，厂商就只能在仅在高质量平台销售或是在其他平台销售之间"二选一"。

假设提供质量认证服务的平台中均为质量偏好 $t > \underline{t}$ 的高质量偏好消费者，且这些消费者仅在该平台购买产品；其他假设与之前保持不变。如果平台不实施限定交易，则厂商按式（3）确定质量水平，$\tilde{q}_b = \dfrac{(v - t_{kb}^2)(1 - \delta)}{2b - 2(1 - \delta)t_{kb}}$。

当平台实施限定交易时，如果厂商拒绝平台限定交易要求，则其仅能面对 $q \leqslant \underline{t}$ 的消费者，其利润函数为：

$$\pi_{nd} = (q_n - t_n)(v_i + t_n q_n) - aq_n^2 \qquad (23)$$
$$\text{s. t. : } q_n \leqslant \underline{t}$$

$\tilde{q}_n = \min\left\{\dfrac{v}{2a}, \ \underline{t}\right\}$，$t_n$ 存在两种情形，①存在 $\hat{v}$，当 $v > \hat{v}$ 时，$t_n = 0$；②存在 $\hat{a}$，当 $a > \hat{a}$ 时，$t_n > 0$。

如果厂商接受平台限定交易要求，则仅在 H 平台销售，厂商必须放弃其他 $t_j \leqslant \underline{t}$ 消费者。记厂商接受平台限定交易合约的利润为 π_d 为：

$$\pi_d = (q_d - \underline{t})(v + \underline{t}q_d) - bq_d^2 - F \qquad (24)$$
$$\text{s. t. : } \pi_q - \pi_{nd} \geqslant 0$$

在限定交易合约下，厂商边际消费者给定，因而只能决策最优质量 q_d，由利润最大化一阶条件可知：

$$\tilde{q}_d = \dfrac{\underline{t}}{2(\underline{t} - b)} \qquad (25)$$

当 $\tilde{q}_d > \tilde{q}_b$，也即 $\underline{t} \leqslant 2b\tilde{q}_b$ 时，平台实施限定交易能够提高厂商质量水平，实现利润增长。

由于 $\tilde{q}_b > \tilde{q}_n$，因此一定存在 $\underline{t} = \hat{t}$，使得 $\pi_d(\tilde{q}_b, \hat{t}) = \pi_n(\tilde{q}_n, \tilde{t}_k)$。当 $\underline{t} \leqslant \hat{t}$ 时，厂商将接受平台限定交易合约，并制定较无约束时更高的质量水平。

命题 4：存在 $\hat{t}$，当 $\underline{t} < \hat{t}$，厂商将接受平台限定交易合约，产品质量水平为 $\tilde{q}_d > \tilde{q}_b$。

命题 4 表明，$\underline{t}$ 越小，即平台的忠诚消费者较多时，厂商放弃平台的机会成本越高，平台越容易实施限定交易并提高厂商产品质量，且质量越高，平台利润越大。

在著名的食派士案中，食派士的消费者使用语言主要是英文，一般很难去其他平台消费，即使商家到其他平台销售，食派士的消费者也很难去其他平台比价购买，因而食派士平台的消费者对平台具有很强的黏性，因此，当食派士要求商家"二选一"，对于那些以食派士平台消费者所偏好的商家而言，离开食派士平台进入其他平台就意味着放弃了这些消费者，面临很高的机会成本，因而只能选择继续留在食派士平台，并专注于对这些特定消费者的服务，提高商品质量。对于那些以普通消费者为目标市场的商家而言，"二选一"规定下他们将放弃食派士平台，专营于其他平台市场。但必须特别注意的是，无论对于上述哪一种商家，"二选一"都损害了这些商家的利益，必然受到商家抵制。

尽管商家在平台"二选一"下通常受损，但行业利润增加。从需求端看，对食派士那些具有特定偏好的消费者而言，产品质量提高意味着消费者剩余净增加。当然，其他平台消费者因为相应认证服务的缺失，需要为此类商品支付相对更高的价格，这会引起相应的消费者福利损失。但厂商接受"二选一"的前提是高偏好市场更有吸引力，因此高偏好消费者福利增加大于低偏好消费者的福利损失。因此，在本文设定条件下，只要限定交易能够提高产品质量，平台利润和消费者福利整体都将得到改善。

六、平台竞争与质量约束弱化

本文之前的分析显示，平台可以基于其市场势力向厂商实施纵向约束，迫使厂商提高产品质量，并提高社会福利。在之前的分析中，我们没有考虑平台之间的竞争。但事实上，随着互联网的迅速发展，各类平台不断涌现，很多平台都能够向厂商和消费者提供质量认证服务，因此，平台之间也存在竞争。我们的问题是：平台之间的竞争会对厂商产品质量产生什么样的影响？

众所周知，平台具有双边特征，因此，只要给定其他条件不变，平台总是愿意吸引更多的厂商和消费者进入平台，在竞争压力之下，各平台均有激励不断提高质量认证服务水平，降低质量认证服务成本，这必然使得厂商能够以更低的成本解决"柠檬市场"问题，因而厂商接入平台使用质量认证服务的激励也将更高。从这一方面看，平台竞争将提高平台质量认证服务水平，降低厂商高质量产品成本，使得市场中产品质量提高。

但另一方面，平台之间竞争的出现会削弱平台使用纵向约束工具的能力。正如我们之前分析所显示的，当平台具有垄断势力时，平台可以通过提供纵向约束合约，促使厂商提高产品质量。但平台竞争会使得平台失去纵向约束工具的使用能力。因为当在位平台实施纵向约束合约时，竞争性平台可以提供无附加约束的合约以吸引厂商，而这也将迫使在位平台放弃纵向约束合约。而正如我们之前分析的，无法使用纵向约束工具将导致厂商产品质量水平下降。

无法使用纵向合约不仅会导致厂商产品质量下降，而且，在线性定价竞争下，平台来自质量认证服务的利润也将下降（这种利润下降不仅指质量认证服务本身的收费，而且也可以是广泛意义上的，包括对厂商或消费者的吸引力下降），这可能反过来降低平台对质量认证服务系统的投资激励。影响平台之间的竞争因素是多维的，平台根据这些因素的相对利润分配其投资，当其他平台竞争引起质量认证收益下降时，平台会降低在质量认证服务的投资，质量认证服务水平的下降，会反过来增加厂商的质量销售成本，导致市场中产品质量进一步下降。

尽管平台竞争的影响很可能是复杂的，但在一定条件下，我们的理论分析仍然能够给出一些比较稳定的推断：平台提供质量认证服务能够缓解"柠檬市场"问题，提高产品质量；但随着纵向约束的合约使用能力下降，平台中的产品质量将随之下降。上述理论分析结论能够很好地解释互联网平台的发展与线上商品质量变化。在互联网市场之初，由于缺乏质量认证，互联网一度成为廉价产品的代名词。但随着阿里天猫、淘宝的设立，平台（尤其是天猫）通过无条件退款、质量保证金、消费者评价等多种机制设计，不断优化和提升质量认证功能，成功解决了消费者对互联网产品质量的信任问题，吸引了越来越多的高质量产品进入天猫。与此同时，天猫与淘宝在质量上的这种整体差异，使得偏好高质量产品的消费者与非质量偏好的消费者逐渐分别稳定在天猫和淘宝，消费者分层产生了类似于限定交易的效果，促使更多高质量商品进入天猫，由此形成良性循环。与此同时，天猫也可以更容易地向入驻平台的高品质商家收取较淘宝更高的入驻费用（两部收费），这一方面促使已入驻产品提高质量水平，另一方面也增加了平台通过质量认证服务获得的收入（命题 2），进一步激励了天猫提供更高水平的质量认证服务。而且平台可以通过特定条款对厂商产品进行质量监控（最低质量）。显然，当平台处于垄断地位时，可以很明显地看到两部收费、最低质量及限定交易等合约工具被组合使用的痕迹。如此，我们可以看到在天猫出现之初，快速解决了对互联网平台的产品质量信任问题。

随着互联网平台快速发展，市场中平台种类与数量不断增加，天猫面临着越来越多的同类平台竞争。平台之间纷纷降低平台入驻费用以吸引厂商，这自然削弱了平台两部收费的能力；同时，出于对厂商流失到竞争平台的担心，平台对一些产品质量下滑事件也不再像之前那样进行严格的监控，这意味着最低质量标准的下滑；特别地，随着高品质平台的增加，高质量偏好消费者可以在高质量平台之间流动（例如天猫和京东、唯品会等平台之间），平台也随之失去限定交易的能力。因此，虽然天猫和淘宝等为数不多的差异化平台在成立之初，迅速引起互联网市场产品质量分级、产品质量整体提升，但随着越来越多的竞争性平台出现，一些最初以高质量形象出现的产品频频出现在价格折扣平台，正如我们理论分析的，兼顾低质量偏好的消费者必然会导致该产品质量下降。

七、结　　语

平台提供产品质量认证服务有助于降低厂商产品质量成本，但与传统的认证服务能够直接向厂商计价出售不同，平台质量认证服务本身难以向厂商或消费者直接收费，其利润只能借助于厂商产品销售间接获取。而由于厂商在质量决策时仅考虑自身利润最大，由此造成厂商和平台在最优质量目标上的差异，厂商最优产品质量往往低于平台最优产品质量目标。在特定条件下，平台利用两部收费、最低质量限制或限定交易能够促使厂商提高产品质量。由于质量提高能够扩大需求，增加消费者剩余，因此平台纵向约束有利于社会总体福利提高。

本文从平台质量认证视角，为理解平台实现纵向约束合约动机提供了一个新的解释，这将有助于我们对平台纵向约束行为进行更全面的理解。尽管传统产业组织理论对纵向约束合约已经给出了各种解释，但大多是基于解释厂商为什么要实施纵向约束合约。随着互联网经济发展，平台的很多行为都明显地带有纵向约束痕迹，但平台为什么要实施纵向约束，传统的纵向约束理论假说往往难以给出逻辑自洽的解释。而由于平台与厂商相比天然处于市场支配地位，因此，当人们无法对平台纵向约束行为给出具体解释时，就很容易与平台滥用市场支配地位相联系。本文研究则表明，当平台能够提供质量认证功能时，平台利用其市场支配地位对厂商实施纵向约束能够提高厂商产品质量，这将有利于社会福利的整体提高，因此，对平台纵向约束竞争效果评估，应该考虑这一重要因素。

再者，当平台能够提供质量认证服务时，如果平台实施纵向约束是借助于其差异化的竞争优势，对这一类纵向约束就应该采取更为包容的态度。平台之间的同质竞争将导致平台来自质量认证服务的收益下降，以及纵向约束工具使用能力的降低，最终不利于厂商产品质量的提高。平台差异化发展来自前期的大量投入，后期基于差异化优势实施纵向约束为其前期投入提供了回报，将有利于平台差异化经营的投资激励。禁止这一类纵向约束不仅会导致产品质量下滑，而且会弱化平台的差异化投资激励，不利于整个平台经济的多元化发展。因此，应该对平台基于差异化优势实施的纵向约束采取更为宽容的态度。

由于平台普遍具有提供质量认证服务的功能，因此，考察平台纵向约束是否对产品质量产生促进作用，是判断平台实施纵向约束是否合理的一个重要的、不可或缺的维度。因此，本文对平台反垄断治理具有明确的政策含义。当然我们也清醒地认识到，平台实施纵向约束的动机和后果很可能是多元的，平台实施纵向约束可能会促进产品质量提升，并不能排除纵向约束用于妨碍竞争的作用，如何进一步识别和区分出平台纵向约束的真实目的和后果，是本文今后的努力方向。

参 考 文 献

[1] 蔡祖国、李世杰：《互联网平台"二选一"策略性行为的垄断机理研究》，载《世界经济》2022 年第 12 期。

［2］陈艳莹、李鹏升：《认证机制对"柠檬市场"的治理效果——基于淘宝网金牌卖家认证的经验研究》，载《中国工业经济》2017 年第 9 期。

［3］曲创、刘重阳：《平台竞争一定能提高信息匹配效率吗？——基于中国搜索引擎市场的分析》，载《经济研究》2019 年第 8 期。

［4］曲创、王夕琛、李国鹏：《用户规模差异与平台独家交易的反竞争效应研究》，载《财经问题研究》2022 年第 12 期。

［5］王自力、朝镛、谭诗羽、何小钢：《忠诚折扣，转售价格维持组合与非对称零售服务投资》，载《经济研究》2021 年第 9 期。

［6］周波：《柠檬市场治理机制研究述评》，载《经济学动态》2010 年第 3 期。

［7］周黎安、张维迎、顾全林、沈懿：《信誉的价值：以网上拍卖交易为例》，载《经济研究》2006 年第 12 期。

［8］Asker, J. and Bar – Isaac, H., 2014: Raising Retailers' Profits: On Vertical Practices and the Exclusion of Rivals, *American Economic Review*, Vol. 104, No. 2.

［9］Atkeson, A., Hellwig, C. and Ordonez, G., 2015: Optimal Regulation in the Presence of Reputation Concerns, *Quarterly Journal of Economics*, Vol. 130, No. 1.

［10］Calzolari, G. and Denicolo, V., 2015: Exclusive Contracts and Market Dominance, *American Economic Review*, Vol. 105, No. 11.

［11］Calzolari, G., Denicolo, V. and Zanchettin, P., 2020: The demand-boost theory of exclusive dealing, *The RAND Journal of Economics*, Vol. 51, No. 3.

［12］Dranove, D. and Jin, G. Z., 2010: Quality Disclosure and Certification: Theory and Practice, *Journal of Economic Literature*, Vol. 48, No. 4.

［13］Ishihara, A. and Oki, R., 2021: Exclusive content in two-sided markets, *Journal of Economics & Management Strategy*, Vol. 30, No. 3.

［14］Kitamura, H., Matsushima, N. and Sato, M., 2023: Which is better for durable goods producers, exclusive or open supply chain?, *Journal of Economics & Management Strategy*, Vol. 32, No. 1.

［15］Marinovic, I., Skrzypacz, A. and Varas, F., 2018: Dynamic Certification, Reputation for Quality and Industry Standard, *American Economic Journal: Microeconomics*, Vol. 10, No. 2.

［16］Marvel, H. P. and McCafferty, S., 1984: Resale Price Maintenance and Quality Certification, *The RAND Journal of Economics*, Vol. 15, No. 3.

［17］Viscusi, W. A., 1978: A Note on "Lemons" Markets with Quality Certification, *The Bell Journal of Economics*, Vol. 9, No. 1.

Vertical Restraint and Product Quality: From the Perspective of Platform Quality Certification

Zili Wang　Yucong Ye

Abstract: Manufacturers can reduce product quality costs and improve product quality by leveraging the platform's quality certification services. However, the product quality when manufacturers' profits are maximized is lower than that when the platform's profits are maximized. Under different conditions, platforms with market power can respectively employ vertical restraint contracts such as two-part tariffs, minimum quality requirements, and exclusive dealing thereby to encourage manufacturers to improve product quality, trereby contribuling to the improvement of social welfare. Nevertheless, competition among platforms will weaken the platforms' ability to use vertical restraint contracts, leading to a decline in product quality under a given level of platform quality certification services. Therefore, when platforms have the function of quality certification services, the evaluation of the competitive effects of platforms' vertical contracts should take into account their specific impacts on product quality.

Keywords: Quality Certification   Product Quality   Vertical Restraint   Platform Competition

JEL Classification: L15

第 24 卷第 1 辑　　　　　　产业经济评论（山东大学）　　　　　Vol. 24　No. 1
2025 年 3 月　　　　　　Review of Industrial Economics　　　　March 2025

电商平台"唯低价"商业模式的
监管困境与制度因应

孙　晋　邓紫珊[*]

摘　要:"唯低价"商业模式指的是电商平台以低价作为核心竞争优势，持续并稳定实施的一系列行为。该商业模式以低价销售抢占市场后通过流量广告收入的交叉补贴的方式得以持续运行，又通过平台规则挤压平台内经营者利润空间的方式不断发展，对平台内外市场主体、消费者、市场经济健康发展均造成了损害。对此，应充分认识对该商业模式监管过程中存在的依据混乱、模式不健全以及实效有限的问题。进而完善规制"唯低价"商业模式掠夺性定价与滥用相对优势地位两条路径的实体法律依据及其衔接；细化平台常态化监管中的穿透式监管以及对平台规则的实质性审查；通过市场监管权力横向配置、救济渠道完善、引导平台承担社会责任等方式实现多元主体协同共治，回应电商平台"唯低价"商业模式的监管需求。

关键词:"唯低价"商业模式　掠夺性定价　滥用相对优势地位　常态化监管　协同共治

一、问题的提出

中国数字经济呈现出蓬勃发展的态势，数字平台作为数字市场中的主导性商业组织形式，其竞争格局尤为激烈且变化迅速。价格机制贯穿了市场机制的各方面，价格竞争则是市场竞争的主要方式之一（张守文，2022）。近年来，电商平台间的低价竞争日益加剧，消费者对价格的感知与敏感度显著增强，导致价格因素在消费者的购买决策过程中占据了日益突出的地位，因此，保持价格竞争力已成为当前各大电商平台竞相追求的目标，更有甚者，将"低价策略"作为其唯一追求的竞争优势，这导致其他平台被动卷入"内

---

* 本文为国家社会科学基金重大项目"适应新时代市场监管需要的权力配置研究"（20&ZD194）的阶段性成果。
感谢匿名审稿人的专业修改意见！
孙晋：武汉大学法学院；地址：湖北省武汉市武昌区珞珈山路 16 号，邮编 430072；E-mail：sunjinlaw@163.com。
邓紫珊：武汉大学法学院；地址：湖北省武汉市武昌区珞珈山路 16 号，邮编 430072；E-mail：z3shine@126.com。

卷式"竞争。当下，对于电商平台而言，低价销售策略已不再仅仅是某个平台为实现特定短期目标而采用的商业手段，而是上升到了企业战略的高度，而从市场监管的角度来看，监管的重点也应当从单一的平台不当定价行为，扩展到对平台"唯低价"商业模式的审视。

"商业模式"并非严格意义上的法律概念，在管理学上，商业模式是企业在持续运营中为获取长期优势，根据外部环境、内部资源和能力所作出的一系列涉及用户、合作伙伴等利益相关方的结构体系和制度安排（罗珉等，2005）。据此，转换至法学的视域，商业模式是企业参与市场竞争的重要工具，其本质是企业参与市场竞争行为的集合，也是行使其自治权的过程（孔祥俊，2018）。

原本，随着《中华人民共和国反垄断法》（以下简称《反垄断法》）的修订，以及国务院反垄断委员会《关于平台经济领域的反垄断指南》（以下简称《平台经济反垄断指南》）、《网络反不正当竞争暂行规定》和《最高人民法院关于审理商标民事纠纷案件适用法律若干问题的解释》等规范性文件与司法解释的出台，平台经济模式规范发展的法治保障得到了加强，电商平台主播"低价协议"等新型排除、限制竞争行为也可顺利纳入监管框架。但在面对各构成要素具有协同效应的电商平台"唯低价"商业模式这一整体时，仍存在监管乏力的问题。不过，2024 年 12 月中央经济工作会议明确提出要综合整治"内卷式"竞争，规范地方政府和企业行为后，《中华人民共和国反不正当竞争法（修订草案）》（以下简称《反不正当竞争法（修订草案）》）迅速响应，新增的第十四条直接针对平台低价"内卷式"竞争。

二、电商平台"唯低价"商业模式的规制必要

商业模式是中性的竞争载体（孔祥俊，2018），"唯低价"商业模式并非必然地违反市场规则，其规制仍应根据该模式的特征及运行过程中具体行为所造成的损害来综合评估。换言之，对于低价商业模式的监管，应当基于其对市场竞争、消费者权益和行业健康发展的实际影响和可能产生的长远影响，而不是简单地因为其低价特性就予以否定或限制。

（一）电商平台"唯低价"商业模式的特征

数字平台具有多边市场特性、网络效应、锁定效应、破坏性创新等特征。超大型平台利用先发优势迅速占领市场，在基础服务领域形成轴心型市场的初始垄断，继而利用杠杆效应和范围经济效应将初始垄断的渠道优势、流量优势扩大到其他领域，形成新的相关市场二轮垄断。电商平台"唯低价"商业模式亦是基于这些特征而得以兴起并持续演进。

破坏性创新是电商平台"唯低价"商业模式发展的首要特征。电商平台

"唯低价"模式的起源于拼多多这一类平台对于下沉市场的开拓。以拼多多为例,其创新性主要体现在以下两个方面:其一,通过 C2M（customer to manufacturer）模式,即消费者直达工厂的模式,强化了制造业与消费者的直接衔接,省略了分销过程中对商品的层层加价,帮助消费者购买到物美价廉的商品。其二,通过"杠杆作用"结合社交平台来捕获流量。该模式在迅速抢占下沉市场后,通过维持低价策略,并借助社交式宣传手段及其价格优势,吸引其他平台用户,参与与其他电商平台的竞争中,以此抢占市场份额。与传统电商平台相比,以低价团购为主的社交电商代表了商业模式的创新,这一过程体现了非在位企业对在位企业发起的进攻,符合破坏性创新理论（Bower and Christensen,1995）。

电商平台"唯低价"商业模式主要依托其多边市场的特性得以稳定的运行。一方面,电商平台的主营业务未必是盈利的关键,数字经济已经逐步演变为注意力经济。当广告商愿意为获取注意力支付相应报酬后,平台的首要运营目标便不再聚焦于主营业务的盈利水平,而是转变为集中注意力资源（侯利阳,2022）。伴随着这一运营目标的转变,平台企业为吸引更多注意力,则会采用免费服务或提供补贴的方式作为推动主营业务营销的核心策略。另一方面,平台通常通过罚款政策来对平台内经营者进行管理。可见,电商平台通过平台抽成机制、罚款机制与流量广告变现所得资金,用于平台发放补贴,转化为消费者的低价购物体验,形成一个交叉补贴的循环以维持其低价销售策略。

平台的网络效应与锁定效应会使得"唯低价"商业模式下的滥用风险与负外部性显著提高。由于间接网络效应的助力,平台企业通过资源共享构建起自身的生态系统,进而达成范围经济效应,并据此在跨市场及多市场中展开竞争。在网络自我增强的机制下,这种竞争态势得以持续加强,导致平台内部经营者与整个平台生态系统之间的能力差距日益显著（冯果、刘汉广,2022）。但与此同时,锁定效应的存在可能导致平台忽视对其内部生态的严格管理。价格与成本之间存在紧密联系,长期低于成本的价格策略,可能导致企业无法收回成本,进而引发产品质量问题与消费者权益保护等问题。因此,在"唯低价"商业模式中,平台应当增强对商家入驻的审核、商品质量的监控,以及数据分析和监控的投入。若平台未能在这些方面进行必要的投资,可能意味着平台逃避了实施低价策略本应承担的成本,从而再度间接增强其市场势力。一旦平台滥用其市场支配地位,这种行为通过网络效应传导至市场其他主体,可能导致整个市场的竞争秩序受到破坏。

（二）电商平台"唯低价"商业模式的滥用风险

电商平台作为规则制定者与解释者,在"唯低价"商业模式的特定情境下,其依据平台规则所衍生的"权力"核心聚焦于价格调控与服务规范两大方面。

就价格而言，首先，"唯低价"商业模式通常采用价格导向的流量分配机制。在日常运营中，平台鼓励经营者采取薄利多销的策略，商家提供的商品价格越低，获得的流量就越多，从而诱导平台内经营者陷入低价竞争的恶性循环；在促销活动中，平台通过设定价格上限的策略强制平台内经营者参与，对于利润率较低的商家而言，参与活动可能面临亏损的风险，而不参与则可能损失流量，直接影响其销售量。其次，"唯低价"商业模式还通过补贴政策的承诺来诱导平台内经营者主动降价。然而，这实际上成为对平台内经营者的另一种约束，因为平台的补贴政策往往附带商品或服务的特定条件，一旦不满足条件，平台可能取消或撤回补贴，这对于已经主动降价的经营者来说，意味着利润的进一步压缩甚至亏损。例如拼多多的《价格保护服务规则》中规定，平台或对商家提供活动补贴，但若活动中出现退款、售后、商家违规等情况，平台有权决定不向商家提供相关活动补贴；若该等补贴已结算的，拼多多有权要求商家退还或支付等额款项。

在服务层面，起初，平台内经营者仅需履行七天无理由退款的法定义务。然而，随着"唯低价"商业模式的不断发展，一方面，消费者的购物习惯发生了变化，网购商品时下单并不一定以购买为目的，而是出于试用或试穿的目的，甚至在极端情况下存在恶意行为，[①] 但平台内经营者必须应平台要求接受无限次的退款退货要求；另一方面，各大平台陆续推出的"仅退款"服务已成为国内电商行业的标准之一，部分平台甚至叠加了罚款机制。例如，Temu 平台的规则规定，在买家不满意时，直接按照"仅退款"处理，并对卖家处以货款 2~5 倍的罚金。截至 2024 年 7 月 22 日，商家统计的售后扣罚及售后预留金总额约为 1.14 亿元，涉及 279 家商户。[②]

可见，当电商平台利用锁定效应，借助平台规则对入驻商家实施价格与服务方面的严格规定，特别是强制要求商家执行"跟价"策略以确保"全网最低价"时，从《中华人民共和国价格法》（以下简称《价格法》）的视角审视，这一行为实质上赋予了平台超乎政府权限之外的定价影响力，因为政府本身并不直接拥有对市场经济活动的具体定价权。更为严峻的是，基于前述特性，电商平台在推行该商业模式的过程中，其权力边界还存在持续扩张的风险，其部分行为外观与竞争法所规制的掠夺性定价与滥用优势地位行为相似。

---

① 据中央广播电视总台中国之声《新闻纵横》报道，"1400 元的洗衣机因无法安装被'仅退款'""9.9 元短袖不喜欢，被'仅退款'"。

② 《向"线上零元购"说不？数百名商家聚集 Temu 总部，拼多多独家回应："平台不会去赚商家违规罚款这个钱"》，中国证券报，https://mp.weixin.qq.com/s/bErZXwtNA0QsKM55xQMndg，最后访问时间：2024 年 12 月 24 日。

（三）电商平台"唯低价"商业模式的损害分析

损害理论是法律分析和法律适用的核心问题。电商平台"唯低价"商业模式所造成的损害具有涉及范围广、负外部性强、时间跨度大等特征。

1. 平台内经营者

数字平台利用其在资源和技术能力方面的优势，在事实上充当着管理者与分配者的角色，并在特定空间中孕育出一个以平台自身规则为核心的权力运作生态体系（刘凯，2023）。在电子商务领域，出于营利目的和维护平台内经营秩序的需要，各大电商平台均制定了自治规则，对于违反法律法规、平台规则的经营者，采取罚款、扣除保证金等处罚措施。在"唯低价"商业模式中，平台规则主要围绕维持"低价"优势以参与市场竞争的目标进行制定，表现出明显偏向消费者价格优势与服务体验的特点，这在相当程度上压缩了平台内经营者的生存空间。

此外，值得注意的是，"唯低价"模式起源于下沉市场，该市场中的部分平台内经营者具有低收入、低技术水平，以及财力匮乏、资源有限的特征，一旦入驻，他们便面临更强的锁定效应，"用脚投票"在实际操作中并不可行（袁康、刘汉广，2022）。综上可见，平台内经营者唯有接受平台所制定的严苛规则，并承担不合理的成本，才能维持其运营。在"唯低价"商业模式下，平台为取悦消费者所付出的成本，最终转嫁到了平台内经营者身上。

2. 平台外权利主体

如前文所述，电商平台通过制定与执行平台规则，实际上掌握了对交易者及利益相关者进行监督、界定和影响的显著权力。当平台权利异化为权力时，一般的民法制度很难对其进行约束和矫正（周莉欣，2024）。因此，在电商平台未能妥善行使其权力，对平台内经营者的行为合规性实施宽松监管，或对平台内经营者的侵权等违法行为持放任态度时，其负面影响可能会产生溢出效应，进而损害平台外的权利主体。

最为突出的是，在"唯低价"商业模式的驱动下，平台往往忽视对知识产权保护的投入，为假冒伪劣商品及盗版产品提供了滋生环境，导致了"知识产权保护洼地"的形成。以拼多多平台为例，盗版书籍问题长期存在，并多次受到多位作家及出版社的公开谴责。尽管早在 2019 年，拼多多即与中国出版协会签署了《知识产权保护合作协议》，并承诺严厉打击销售盗版书籍的行为，但实际效果有限，平台内盗版书籍泛滥的问题依然严峻。2024 年8 月，湖南省新化县人民法院发布公告，披露了 6 起涉及印刷盗版书籍并在网上销售的判例，所有案例均牵涉拼多多平台。[①] 除此之外，服饰珠宝等品

---

① 《湖南新化法院布告 6 起制售盗版判例，当地要求打好反盗版"持久战"》，澎湃新闻，https：//www.thepaper.cn/newsDetail_forward_28431503，最后访问时间：2024 年 12 月 24 日。

类同样存在较为严重抄袭现象，美妆、日用品领域商标侵权与商业混淆频发，[①] 此类事件始终侵蚀着知识产权人作为平台外独立权利主体的经济利益与创作积极性。

3. 消费者利益

在数字经济的浪潮中，消费者利益的内涵日益丰富，但其核心始终围绕两个维度：一是经济利益，即消费者追求的"物美价廉"，这不仅包括产品或服务的高质量，也涵盖了更低的价格；二是非经济利益，即在信息透明的基础上，消费者能够自由做出决策的自主选择权。从产业角度来看，"唯低价"的商业模式导致平台内经营者的利润空间受到严重挤压，为了维持运营，部分中小商家不得不采取一系列经营调整措施，包括但不限于压缩生产成本、降低产品质量、减少产品功能、削减员工薪酬以及降低研发投入，这些调整最终导致了消费品市场中的"劣币驱逐良币"现象，即质量较低的产品逐渐取代了质量较高的产品。根据国信证券发布的《性价比消费系列研究》，当前消费者真正追求的是品质与低价的结合，即"性价比"。这表明，单纯的"低价"并不直接等同于符合消费者利益，而必须结合产品质量进行综合判断。

根据国家市场监督管理总局的数据，2023 年产品质量抽查不合格率为 12.3%，比上年上升 2.9 个百分点，其中小型企业产品质量抽查不合格率为 13.2%，比上年上升 3.1 个百分点。[②] 平台"唯低价"商业模式通过提供低成本、低质量商品，在市场上会对成本较高、品质更优的商品形成一定的排挤效应。此类现象正在导致高品质商品被"劣币"驱逐出场，进而侵害消费者的经济利益。

4. 市场经济健康发展

随着全球经济一体化和数字经济的蓬勃发展，平台经济已成为我国经济高质量发展和构建新质生产力的重要推动力，电商平台在促进国际贸易中扮演着越来越重要的角色。如前所述，当低价成为一种商业模式，意味着其运营有着持续性和稳定性，损害要拉长时间维度来看。电商平台"唯低价"模式虽然在短期内能够带来一定的市场优势，但从长远来看，这种模式可能会削弱中国产品在国际市场上的竞争力，限制我国经济的增长潜力。

在供给侧，电商平台的"唯低价"模式迫使厂家和商家降低成本以适应低价竞争，这往往以牺牲产品质量为代价，从而影响了中国产品在国际市场

---

① 仅在化妆品领域，2024 年初至今，已有超过 400 家化妆品企业与拼多多关联公司上海寻梦信息技术有限公司爆发了近 700 宗相关纠纷。其中就包括厦门点映未来文化传媒有限公司（姿珂莱）、珀莱雅化妆品股份有限公司、广州巴宝莉化妆品有限公司（蔻斯汀）、上海漫吟贸易有限公司（漫野）、上海澄穆生物科技有限公司（至本）等知名品牌，均纷纷因侵权问题起诉拼多多。

② 《市场监管总局关于 2023 年产品质量国家监督抽查情况的公告》，国家市场监督管理总局，https://www.samr.gov.cn/zw/zfxxgk/fdzdgknr/zljds/art/2024/art_bc07f6b465164e81bb08b45572b27f9c.html，最后访问时间：2024 年 12 月 24 日。

上的竞争力和声誉，导致中国企业难以适应国际市场对产品质量的较高要求，在出海时可能面临更大的挑战。同时，在贸易保护主义抬头的大背景下，"唯低价"商业模式下的不合规运营行为更是给国外监管机构对国内电商监管施加压力以可乘之机。例如，欧盟消费者保护合作网络要求拼多多跨境电商平台 Temu 遵守欧盟消费者保护法规，指责其存在虚假折扣、高压销售等误导消费者的行为。又如，鉴于大量未达到关税起征点的低价值包裹无须经过检查便可运入一国市场，导致众多假冒商品的涌入，美国、巴西、欧盟等地区对 Shein、Temu 等跨境电商平台所采用的商业模式引入新的税收措施。在需求侧，境外消费者选择中国电商平台购物的主要原因是"便宜且同质化的产品"，这种现状使得中国企业难以转型至输出高质量、高科技产品的模式，反而可能加剧低价竞争和出海困难之间的恶性循环，这与中国经济高质量发展的要求相悖。

三、电商平台"唯低价"商业模式的监管困境

（一）监管依据：供给不足与过度保护并存

我国反垄断与反不正当竞争监管在规制电商平台"唯低价"商业模式下存在滥用权力、行使事实上的"定价权"行为等问题，极易导致在监管过程中出现假阳性错误。

具有锁定效应的超大型平台实施"唯低价"商业模式涉嫌垄断，例如拼多多旗下的 Temu 已经被欧盟认定为"超大型在线平台"。具体而言，平台引导或直接要求平台内经营者低价销售的行为涉嫌"掠夺性定价"。[①] 根据《反垄断法》第二十二条，具有市场支配地位的经营者若无正当理由，以低于成本的价格销售商品是被禁止的。然而，尽管我国反垄断规则体系对掠夺性定价有所规定，但在执法与司法实践中，尚未出现掠夺性定价的具体案例，且对于该情形的构成要件存在广泛争议，对电商平台"唯低价"商业模式的规则约束略显乏力。

在现行法律框架下，虽然《反垄断法》第二十二条为掠夺性定价提供了法律基础，但具体执行规定却存在显著空白。仅《平台经济反垄断指南》提及了掠夺性定价的二阶段特征，即该行为在排除其他经营者后"可能"会提升价格以获取不正当利益，从而损害市场公平竞争秩序及消费者合法权益，体现出潜在的补偿意图。然而，由于《平台经济反垄断指南》的适用范围和法律效力有限，现行法律体系中对于掠夺性定价的二阶段特性仍缺乏明确且

[①]　我国《反垄断法》第二十二条禁止具有市场支配地位的经营者没有正当理由，以低于成本的价格销售商品。

普遍适用的规定（张晨颖，2023）。

掠夺性定价的两阶段理论在其他国家立法及实践中得到了普遍承认，这说明反垄断法不宜过早对定价行为进行介入。掠夺性定价不仅涉及第一阶段的低于成本价销售，还需考虑第二阶段进入壁垒的存在（时建中、王强，2004）。波斯纳（2003）认为，低价销售应被视为维持垄断状态的行为，而非获取垄断地位的手段。在第一阶段，掠夺性定价可能表现为破坏性创新，而破坏性创新理论强调，在创新型企业与传统经济经营者竞争初期，创新型企业往往处于弱势地位，因此需要政府规制的额外保护，采取"包容审慎"的监管态度（侯利阳，2022），此外，掠夺性定价第二阶段构成要件的不明确，使得"唯低价"商业模式的适用面临困境。掠夺性定价的本质在于通过扩大自身损失来排斥竞争者，在将对方驱逐出市场或使其屈服后提高价格以收回成本并获取垄断利润（时建中，2024）。申言之，当经营者进入掠夺性定价第二阶段的补偿环节，要通过抬高商品价格补偿前期损失并进而获得超额利润，否则不具有商业上的合理性。然而，在电商平台"唯低价"商业模式下，以高价补偿作为掠夺性定价第二阶段的判断要件具有局限性。因为电商平台依赖多边市场和交叉补贴，其实现补偿的方式并非直接面向消费者提高价格，而是通过持续的低价策略来维持平台竞争力。

可见，我国反垄断法在应对超大型平台实施的"唯低价"商业模式涉及的掠夺性定价行为时，面临着规则供给不足与理论供给不足的问题。

（二）监管模式：电商平台事前与事中监管尚不完善

如前文所述，"唯低价"商业模式下平台实施滥用行为的损害后果会通过平台内经营者外溢至平台外的权利主体，例如著作权人、商标权人等。但此类利益相关者权利一旦受到损害，由于侵权方同为民事主体，通常只能通过私法途径维护其自身权益。相应地便会面临举证难度大、诉讼成本高、法律保护滞后、难以完全遏制继续侵权行为等问题，导致权利人在寻求法律救济时往往处于不利地位，难以有效维护自身合法权益。从该角度而言，对采用"唯低价"商业模式的电商平台进行事前监管、事中监管是最为理想的，但还尚不完善。

1."一揽子"事前禁止尚不足取

如果对所有平台均进行事前监管必然面临监管资源不足的问题，而对超大型平台采取事前监管模式则会牵涉欧盟模式的理论争议且尚无法律依据。根据欧盟《数字服务法案》，部分平台将被认定为"守门人"平台，且需承担"守门人"义务，该义务体系具有典型的结构主义特征，"守门人"平台因其市场地位和控制能力而不得从事特定活动（赵精武，2023）。满足条件的与欧盟《数字服务法案》极为相似的《互联网平台分级分类指南（征求意见稿）》与《互联网平台落实主体责任指南（征求意见稿）》于 2021 年 10

月发布，但至今尚未生效。数字平台的反垄断监管仍应秉持谦抑性理念下积极的包容审慎监管原则（孙晋，2021）。"一揽子"的事先禁止性规定对我国数字经济和数字企业的发展和创新无益，因此并不可取（王晓晔，2024）。然而，对于哪些特定反竞争行为应制定义务性规范，目前尚不清晰。

2. 平台自我合规仍待强化

在电商平台采用"唯低价"商业模式的情况下，滥用权力可能导致平台外部相关权利人利益间接受损的问题，还能够纳入企业社会责任的讨论范畴。新修订的《中华人民共和国公司法》（以下简称《公司法》）明确了企业应承担的社会责任。平台企业的社会责任也受到了广泛关注并得到证实：互联网平台以其核心业务为基础，构建了强大的生态系统，凭借其经济实力和控制力，作为市场的"守门人"和媒介组织，它们不仅对内部运营产生深远影响，还应承担与自身能力相匹配的社会责任；同时，作为市场交易的场所，互联网平台在提供便利的同时，也可能引发经济和社会风险，因此需要承担更多的公共空间责任（陈耿华，2023）。然而，目前平台企业在主动合规意识方面尚显不足，社会责任的具体实现机制还不够明确，使得该制度在发挥平台企业自我事中合规作用方面还有待加强。

（三）监管实效：损害隐蔽与救济乏力

消费者和平台内经营者是电商平台实施"唯低价"模式时直接相关的两大主体，他们在这一过程中所经历的损害及遭遇的难题，应当成为监管工作的重点所在。但由于该模式下，消费者利益损害的隐蔽性与经营者地位的弱势，容易使得监管机构忽视对其的监管需求。

1. 消费者利益损害具有隐蔽性

相较于个体消费者因在平台购买劣质商品而遭受的直接损害，可通过《中华人民共和国消费者权益保护法》（以下简称《消费者权益保护法》）进行维权的情况，在电商平台所采取的"唯低价"商业模式的背景下，整体消费者利益所受的影响因其隐蔽性特征，需要社会性监管。

在电商平台实施"唯低价"商业模式下，消费者并非传统消费者，而是算法消费者。算法消费者是消费者群体中的一个新兴分类，是指通过在智能算法接入互联网等信息网络为生活消费购买商品或接受服务的消费者（刘颖，2022）。这意味着，消费者在电商平台进行线上购物与在实体商店线下购物是完全不同的，其变量就在于是否有算法介入购物的决策过程，但这一过程不一定能够被消费者立刻感知。电商平台实施"唯低价"商业模式对算法消费者的损害，不同于差异化定价的"大数据杀熟"，而是表现为自主选择权的受限。由于流量分配权掌握在平台手中，消费者端最终呈现的排序为平台内经营者对平台规则服从程度的结果，当平台以"低价"而非"低价 + 产品质量"作为标准时，则限制了追求"品质低价"的消费者选择商品的范围。

同时，各大电商平台参与"唯低价"竞争可能会导致产品市场整体质量下降，这种影响是长期的，对消费者福利的影响起初不易察觉，同样具有隐蔽性。

2. 平台内经营者救济渠道维权困难

电商平台内的经营者并非缺乏救济渠道，但从实际效果来看，在"唯低价"的商业模式下，他们的维权努力收效甚微。并且由于平台企业的锁定效应，用户通常对平台的忠诚度高于对商户的忠诚度，导致商户在平台上积累的用户和数据难以转移到其他平台。高昂的迁移成本使得商户不敢轻易离开现有平台，即使面对平台不合理的规则，他们也不得不忍气吞声地接受。这种状况使得平台企业基于锁定效应获得了对平台内经营者的相对优势地位。然而，法律对于相对优势地位的规制不足，导致平台内经营者的话语权被削弱。同时，平台内经营者由于其个体力量分散，加之孤立性、个体性、依赖性和从属性，往往处于被动地位，难以与平台抗衡。他们的情况与单个劳动者有许多相似之处，由于缺乏集体协商制度，平台内经营者难以形成有效的集体力量，与平台进行有效的议价和磋商，此外，《反垄断法》第六十条第二款虽然引入了反垄断公益诉讼制度，但在"唯低价"模式下，该制度尚未能有效发挥作用，为平台内经营者提供救济。

四、电商平台"唯低价"商业模式的制度因应

（一）完善"唯低价"商业模式的实体法律依据

1. 构筑层次清晰的低价销售规制规则体系

"唯低价"商业模式的实体法完善，是对电商平台"唯低价"商业模式进行有效监管的前提与关键。

首先，针对占据市场支配地位的平台企业，其在平台内生态系统中利用实际控制力强迫平台内经营者以低于成本的价格销售商品的行为，应优先考虑适用《反垄断法》第二十二条关于掠夺性定价的规定进行规制。其次，对于不具备市场支配地位但拥有相对优势地位的企业，应当依据《反不正当竞争法》中关于相对优势地位的条款进行规范。相对优势地位与锁定效应被视为监管机构介入"唯低价"商业模式的介入边界。最后，相对优势地位是指特定企业因特殊原因形成的对其交易相对人所具有的一种优势地位，具有优势地位的企业往往有能力选择交易对象，甚至决定交易内容，而其交易相对人则全部或部分丧失对交易内容的决定权（孟雁北，2004）。若平台企业未形成对平台内经营者的相对优势地位，则意味着即便平台企业强制要求平台内经营者按其定价规则以低于成本的价格销售商品，平台内经营者仍保有议价能力，或不受平台锁定效应影响下的高迁移成本，市场自我调节机制仍能发挥作用，竞争法此时无须过多介入。从体系化视角出发，大型企业的认定

逻辑与市场支配地位及相对优势地位的界定相对独立，这种限定可能导致对低价销售行为的规制出现"真空地带"。

2. 完善掠夺性定价的认定标准

掠夺性定价应被明确区分为低价排他和高价补偿两个阶段（莱斯利，2019），在第一阶段，确定成本标准时，需综合考量数字平台的网络效应和信息数据价值实现等关键因素。仅依据"低于成本"的原则来推定违法性是不够全面的。鉴于双边市场的相互依赖性和交叉补贴特性，双边市场的成本价格测试应同时考虑以下三个要素：两侧市场的价格、两侧市场的成本及交叉网络效应。特别是在"唯低价"商业模式中，由于存在强烈的交叉网络效应，建议采用修正版的"阿里达－特纳"规则，将平均可变成本和加权平均成本作为两个关键的评估指标（张晨颖，2023）。

在高价补偿阶段的认定过程中，同样必须结合"唯低价"商业模式在数字平台实施的特定背景和特点。鉴于数字平台的跨界特性，以及其对消费者普遍采取的免费模式，相对于传统经济，补偿手段更为灵活多样。这不仅体现在价格补偿的形式多样化上，还涉及多种非价格补偿的形式（张晨颖，2021）。具体来说，数字平台通过流量广告收入来补贴主营平台业务，实现交叉补贴，而不仅限于在传统实体经济中通过同一市场直接提高价格来进行补偿。同时，评估掠夺者的实力，即其能否弥补前期损失的能力，也是一个重要考量因素，这包括其现金储备和资金调度能力，以及用于交叉补贴的能力。

3. 明确长期利益与动态竞争的保护

市场监管在电商平台"唯低价"商业模式中应以竞争监管为核心，持续优化数字时代多元价值目标的内涵及其实现机制至关重要。只有建立与数字经济发展相适应的竞争法治体系，才能有效维护数字经济领域的竞争秩序，为新质生产力的培育壮大和经济社会的高质量发展提供坚实的制度保障（孙晋，2024）。

2022 年修订的《反垄断法》新增了"鼓励创新"的内容，是法律价值体系中社会对动态竞争偏好的增加，要求将权衡天平更多向长期竞争效应一端倾斜，即更加重视未来消费者福利或未来社会总福利，而非以牺牲竞争为代价来换取短期的创新（林平，2023）。具体到电商平台"唯低价"商业模式的监管，必须明确消费者在长期内对产品质量的权利与选择权，以及市场经济健康发展的重要性。明确反垄断法上消费者利益标准的两项核心内容：一是消费者福利；二是消费者选择（焦海涛，2022），形成反垄断法分析中消费者利益的"价格范式"与"选择范式"。

（二）细化常态化监管方式

1. 平台规则的公平性保障机制

坚持"市场回应型"监管理念，不盲目采纳纯粹的事前规制模式，但在必要时可设定相关义务。针对电商平台权力滥用的核心问题——平台规则，应采取以下措施：首先，建立平台规则的实质性审查机制是关键。监管机构不仅要对规则的形式合法性进行审查，还应对规则的公平性和合理性进行深入实质审查。这意味着监管机构需要定期对平台制定的规则进行检查，特别是那些涉及商户权益的条款，例如罚款规定、抽成比例等，以确保这些规则不会滥用平台的市场支配地位，从而避免商户在交易中处于不利地位。其次，监管机构应强化平台规则制定过程的透明度要求。平台在制定或修改规则时，必须公开其依据和理由，并设立一个合理的商户意见反馈期。在这一期间，商户应能够通过公开渠道提出异议或建议，平台则需对这些反馈进行回应，并在必要时对规则进行适当调整。

2. 强化对平台企业的穿透性监管

应通过智慧监管等方式增强对平台企业的监管穿透性，实现对平台交易行为及规则执行情况的实时追踪与动态解析。同时观测目前已大规模进入到高价补偿阶段的电商是否构成掠夺性定价。此举旨在及时发现并预警平台可能利用其市场优势地位与市场支配地位所采取的不当举措。特别是在跨境电商领域，鉴于平台企业通常具备国际化运营的复杂特性以及跨境监管所面临的挑战，政府亟须加强国际合作，推动监管标准的统一化。此举旨在有效防范平台利用不同国家和地区间存在的制度差异与监管漏洞，规避监管，进而滥用其相对优势地位，向商户强加不公平的条款与条件。

（三）加强多元主体协同共治

1. 深化市场监管权力横向配置

在数字经济蓬勃发展的背景下，伴随着平台经济中"唯低价"商业模式的兴起，以及传统消费者向算法驱动型消费者转变的趋势，当前市场监管权力的横向配置面临着迫切的优化需求。特别是在针对平台"唯低价"商业模式的问题上，亟须考虑赋予消费者协会以市场监管权。这一提议的核心理由在于，该商业模式不仅间接影响市场秩序与竞争环境，进而损害消费者福利，而且直接触及《消费者权益保护法》中关于个体消费者权益保护的核心内容。从具体权力配置的角度而言，对消费者协会的权力赋予应持谨慎而稳健的态度，不宜操之过急。当前阶段，更适宜的做法是明确并进一步深化其在协助政府部门进行市场监督、检查方面的角色，以及强化其在《消费者权益保护法》框架下协助消费者维权的功能（单新国，2021）。同时，针对因垄断行为而侵害消费者利益的情况，为了对现有公益诉讼的"国家化"趋势进行有效调适，应当赋予消费者权益保护组织反垄断民事公益诉讼适格起诉主体资格（刘加良、李畅，2024）。这不仅是多数国家的通行做法，同样有助于对现有公益诉讼的"国家化"趋势进行有效调适。

2. 畅通与完善平台内经营者救济机制

在平台"唯低价"商业模式的背景下，尽管受影响的主体范围广泛，但同类主体尚未形成统一的集体力量，彼此之间存在孤立现象，这在消费者和平台内经营者中均有体现。鉴于并非所有主体都能依托半官方的群众性团体，因此，提供多元化的救济渠道显得尤为关键。具体措施包括：一是强化行政救济。建议设立专门的投诉和申诉机构，集中处理商户针对平台滥用行为的投诉，提供快捷有效的行政救济渠道。针对平台利用相对优势地位实施不公平规则或处罚的行为，监管部门应迅速介入调查，并采取必要的纠正措施，确保商户的权益得到及时保护。二是完善反垄断的社会实施，由专业能力更强的检察院或其他符合条件的组织担任原告或发起其他集体诉讼，以缓解平台内经营者个人诉讼救济难的问题。并通过设计配套的"互联网平台规则附带审查制度"，允许法院在一次裁判中同时确认赔偿金额和认定平台规则无效或可撤销，保护平台内商户的时效利益。

3. 激励平台承担社会责任

电商平台"唯低价"商业模式对社会的影响深远，具体体现在两个方面：首先，由于其特有的外部网络效应和较大的体量，受其影响的市场主体及其他利益相关者范围广泛，数量众多；其次，多数消费者通过此类电商平台购买的大量日常消费品，从食品到日用品，从服饰到电子产品，无所不包。因此，这些平台不仅与消费者的日常生活紧密相连，更在一定程度上承担着保障民众基本生活需求、维持市场供需平衡、促进商品流通与消费的重要作用。换言之，电商平台的"唯低价"商业模式不仅关乎个体的消费选择与生活质量，更直接影响到整个社会的经济稳定与民生福祉。

在社会责任方面对此类平台进行约束是合理且适宜的，监管过程中应首先维护企业社会责任的底线。可以通过激励性监管激发其承担社会责任的积极性，提倡企业在道德层面和国家层面的责任，但不应泛化法律责任。具体方法上，应重视自我规制与激励性监管的结合，可以采用承诺制、行政指导制、开表彰会等具体激励手段，调动企业自我规制的内在动力。此外，从企业内部合规的角度来看，反垄断执法机构发现并处罚的反垄断行为中，大多数违法行为都涉及企业高级管理层（Franck and Seyer，2024）。反垄断处罚除罚款外，还可引入竞争，取消董事资格令，以实现从企业内部决策者层面推动平台承担社会责任。

参 考 文 献

［1］查德·波斯纳：《反托拉斯法》（第二版），孙秋宁译，中国政法大学出版社 2003 年版。

［2］陈耿华：《互联网平台社会责任的法理证成及制度实现——以竞争秩序为背景》，载《现代法学》2023 年第 5 期。

［3］单新国：《市场监管权法律规制研究》，中国政法大学出版社 2021 年版。

［4］冯果、刘汉广：《互联网平台治理的生态学阐释与法治化进路》，载《福建论坛（人文社会科学版）》2022 年第 4 期。

［5］郭传凯：《不正当竞争行为司法认定的"泛道德化"倾向及其矫正》，载《现代法学》2023 年第 4 期。

［6］侯利阳：《数字经济对实体经济的冲击与因应：以社区团购的规制为视角》，载《政治与法律》2022 年第 10 期。

［7］焦海涛：《反垄断法上的竞争损害与消费者利益标准》，载《南大法学》2022 年第 2 期。

［8］克里斯托弗·R. 莱斯利：《掠夺性定价与补偿》，时建中、时武涛译，载《经济法研究》2019 年第 1 期。

［9］孔祥俊：《论反不正当竞争的基本范式》，载《法学家》2018 年第 1 期。

［10］林平：《保护竞争大目标下"鼓励创新"的内涵：反垄断更需重视动态竞争和长期福利》，载《中国市场监管研究》2023 年第 2 期。

［11］刘凯：《数字平台公共性的理论重塑及其生态治理路径》，载《比较法研究》2023 年第 6 期。

［12］刘加良、李畅：《反垄断民事公益诉讼的适用边界与构造优化》，载《山东社会科学》2024 年第 5 期。

［13］刘颖：《数字社会中算法消费者的个人信息保护体系构建》，载《广东社会科学》2022 年第 1 期。

［14］罗珉、曾涛、周思伟：《企业商业模式创新：基于租金理论的解释》，载《中国工业经济》2005 年第 7 期。

［15］孟雁北：《滥用相对经济优势地位行为的反垄断法研究》，载《法学家》2004 年第 6 期。

［16］时建中：《反垄断法》，中国政法大学出版社 2024 年版。

［17］时建中、王强：《掠夺性定价的经济学分析和竞争法对策》，载《经济法论丛》2004 年第 4 卷。

［18］孙晋：《借助〈反不正当竞争法〉修订促进新质生产力发展》，载《数字法治》2024 年第 3 期。

［19］孙晋：《数字平台的反垄断监管》，载《中国社会科学》2021 年第 5 期。

［20］王晓晔：《我国平台经济反垄断监管"欧盟模式"批判》，载《法学评论》2024 年第 3 期。

［21］袁康、刘汉广：《平台内经营者权益保护的法律困境与破解——回归相对优势地位理论的视角》，载《学习与探索》2022 年第 10 期。

［22］张晨颖：《公共性视角下的互联网平台反垄断规制》，载《法学研究》2021 年第 4 期。

［23］张晨颖：《平台掠夺性定价的反垄断思路——以反垄断法预防功能的限度为视角》，载《东方法学》2023 年第 2 期。

［24］张守文：《〈价格法〉修订：发展需要与改进方向》，载《法学杂志》2022 年第 4 期。

［25］赵精武：《从"超大型平台"到"守门人平台"：欧盟〈数字市场法〉的制度逻辑与监管特征》，载《数字法治》2023 年第 2 期。

[26] 周莉欣:《电商平台自治法律机制的构建》, 载《法商研究》2024 年第 2 期。

[27] Bower, J. L. and Christensen, C. M., 1995: Disruptive Technologies: Catching the Wave, *Harvard Business Review*, Vol. 73, No. 1.

[28] Franck, J. U. and Seyer, T., 2024: Antitrust Fines and Managerial Liability. In Research Handbook on Competition and Corporate Law, Working Paper.

[29] Khan, L., 2017: Amazon's Antitrust Paradox. *Yale Law Journal*, Vol. 126, No. 3.

The Regulatory Dilemmas and Institutional Responses of the "Low-Price-Only" Business Model of E-commerce Platforms

Jin Sun　Zishan Deng

Abstract: The "low-price-only" business model refers to a series of behaviors that e-commerce platforms continuously and stably implement, with low prices as their core competitive advantage. This business model has continued to operate via cross-subsidization from the revenue generated by traffic-based advertisements after seizing the market through low-price sales. It also keeps developing by squeezing the profit margins of operators within the platform through platform rules. Which has caused damage to the market entities both inside and outside the platform, consumers, and the healthy development of the market economy. Regarding this, there is a need to comprehensively acknowledge the issues in the regulatory process of this business model, including regulatory basis confusion, an unsound regulatory model, and limited effectiveness. Additionally, it is necessary to improve the substantive legal basis and the linkages between the two approaches of regulating predatory pricing and the abuse of relative dominant position under the "low-price-only" business model. Refine the penetrative supervision in the normalized platform regulation and the substantive review of platform rules. Through the horizontal allocation of market supervision authority, the improvement of relief channels, and the guidance for platforms to assume social responsibilities, a multi-subject collaborative governance is achieved to respond to the regulatory requirements of the "low-price-only" business model of e-commerce platforms.

Keywords: "Low-Price-Only" Business Model　Predatory Pricing　Abuse of Relative Dominant Position　Normalized Supervision　Collaborative Governance

JEL Classification: K24　L40

第 24 卷第 1 辑　　　　　　产业经济评论（山东大学）　　　　Vol. 24　No. 1
2025 年 3 月　　　　　Review of Industrial Economics　　　　March 2025

平台知识产权保护洼地对创新
与竞争的影响及应对

袁　　嘉　赵灵虎*

摘　要：平台知识产权保护洼地问题严重干扰了行业的创新动力和竞争格局，成为制约电商平台高质量发展的关键因素。知识产权保护的洼地效应导致部分平台因未采取保护措施而获得不当竞争优势，吸引侵权假冒商家入驻，破坏了市场竞争秩序，侵害了消费者权益。此外，平台知识产权保护的洼地效应亦削弱了平台的创新动力，影响了其创新能力。为解决此问题，应从立法角度加大对电商平台的处罚力度，进一步明确电商平台的连带责任；从执法角度关注电商平台的知识产权保护问题，构建更为全面和规范的监管体系；从司法角度，应增强原告在个案中申请相关数据和材料的调查权力，并适度允许举证责任倒置，以消除电商平台知识产权保护的洼地效应。通过这些措施，有望提升电商平台行业及社会整体的知识产权保护水平，激发创新活力并促进公平竞争。

关键词：电商平台　知识产权保护洼地　不正当竞争　创新能力

随着互联网技术的快速发展和电子支付方式的丰富，我国的电子商务市场呈现出强劲的增长势头和活力。根据商务部在 2023 年发布的《中国电子商务报告（2022）》显示，我国 2022 年全国电子商务交易额达 43.83 万亿元，全国网上零售额达 13.79 万亿元，比上年增长 4%，实物商品网上零售额达 11.96 万亿元，比上一年增长 6.2%，占社会消费品零售总额的比重为 27.2%。这些数据足以说明，电子商务已成为我国国民经济中的重要组成部分，对促进国民经济发展具有不可替代的作用。但在电子商务行业蓬勃发展的同时，也产生了许多新的问题，尤其是平台知识产权保护领域的问题频频发生。

知识产权保护作为国家创新能力的催化剂、经济发展的重要推动力，以及国家竞争力的象征性软实力，构成了法律体系的关键部分（张玉敏，

* 感谢匿名审稿人的专业修改意见！
　袁嘉：四川大学法学院；地址：四川省成都市双流区川大路二段 2 号，邮编 610211；E-mail：dryuanjia@ foxmail. com。
　赵灵虎：四川大学法学院；地址：四川省成都市双流区川大路二段 2 号，邮编 610211；E-mail：18212732482@ 163. com。

2001）。它不仅有助于维护世界文化的多样性，保障公共利益，而且促进了科技进步。随着互联网技术的飞速发展，网络购物已成为国民经济与民生的重要组成部分。在此背景下，众多大型电子商务平台应运而生，形成了电商平台甲（低价策略）、电商平台乙（多元发展）、电商平台丙（自营物流）三大巨头领跑，其他电商平台迅速崛起的发展格局，为商家提供了更广阔的销售渠道。然而，在电商平台经济快速发展的同时，某些平台也成为知识产权保护的挑战区域。特别是电商平台甲，凭借自身庞大的用户基础，在短短几年内迅速崛起，成为电商行业的三大巨头之一。然而，电商平台甲所采纳的商业模式，尤其是其"唯低价"策略和"病毒式"营销手段，已成为知识产权保护领域的主要问题。该平台通过这些策略吸引大量用户和流量，以创造收入，但这也导致了其成为知识产权纠纷案件数量最多的电商平台，成为知识产权保护洼地。电商平台甲在知识产权保护方面的挑战，不仅反映了企业层面的问题，更折射出整个行业的发展困境，对我国平台的创新能力和电商行业的健康竞争环境产生了深远影响。因此，本文将重点探讨如何解决电商平台在知识产权保护方面所面临的挑战，尤其是知识产权保护洼地效应的成因和解决方案。

一、平台对知识产权保护的义务和洼地的成因

（一）平台对知识产权保护的义务

1. 电商平台应承担知识产权保护的基本责任

从经济学视角审视，知识产权保护旨在补偿权利人投入的设备、资金、时间等成本与资源，更在于激发其进行创作和发明创造的动力，为知识产权权利人提供有效的经济激励机制这里应该有经济学的参考文献。为强化电商平台对知识产权的保护，我国从立法、执法、司法三个维度确立了电商平台在知识产权保护方面的责任。在立法层面，我国颁布了《中华人民共和国专利法》（以下简称《专利法》）、《中华人民共和国商标法》（以下简称《商标法》）、《中华人民共和国著作权法》（以下简称《著作权法》）、《中华人民共和国电子商务法》（以下简称《电子商务法》）、《中华人民共和国反不正当竞争法》（以下简称《反不正当竞争法》）等法律法规，并配有众多配套的保护条例和规章制度。《电子商务法》第四十一条明确规定："电子商务平台经营者应当建立知识产权保护规则，与知识产权权利人加强合作，依法保护知识产权。"该条款被视为电商平台保护知识产权的基本原则，从法律层面要求电商平台重视知识产权保护，发挥一般性功能（徐卓斌，2019）。

电商平台需承担保护知识产权责任的原因在于：一是网络技术的普及使得知识产权侵权行为更易发生，为侵权行为提供了便利条件；二是网络技术

的快速发展和普及导致网络侵害知识产权行为产生更为严重的后果；三是电子商务平台用户基数庞大，且基于网络技术，成为知识产权侵权行为的高发区。电商平台知识产权保护的范围涵盖以数据为权利客体的数据、虚拟网络财产的专有权，包括著作权、专利权、商标权、地理标志、商业秘密、集成电路布局设计等。对此，电商平台经营者应建立知识产权保护规则，并加强与权利人的合作，依法依规保护知识产权。

2. "避风港"原则

《电子商务法》第四十二条规定："知识产权权利人认为其知识产权受到侵害的，有权通知电子商务平台经营者采取删除、屏蔽、断开链接、终止交易和服务等必要措施。通知应当包括构成侵权的初步证据。"依据《电子商务法》第四十三条，电商平台内经营者享有反通知权，即在收到电商平台经营者转送的知识产权权利人行使通知权的通知后，若认为不存在对方指控的侵权行为，可通过提交不存在侵权行为的声明来对抗权利人的通知，并撤销基于该通知而采取的必要措施。该原则起源于 1998 年美国《千禧年网络版权保护法案》，中国在《信息网络传播权保护条例》中引入并构建，并在《中华人民共和国侵权责任法》（以下简称《侵权责任法》）[①] 中正式确立"通知—删除"规则，后通过《电子商务法》正式应用于电子商务领域，旨在平衡对平台内知识产权权利人和电商平台经营者的保护。

权利人发现自身知识产权受侵害时，需向电商平台经营者提供初步证据以要求维权，而电商平台经营者在收到通知后需核实侵权人。存在两种情况：一是侵权行为确实存在，侵权人需停止侵权行为并承担侵权责任；二是侵权行为不存在，电商平台经营者将反通知权利人通知无效，权利人需承担相关赔偿。因此，"避风港"原则本质上并非追责原则，而是为电商平台经营者提供免责途径。电商平台经营者依据《侵权责任法》（现为《民法典》第七编"侵权责任"）和《电子商务法》在实践中基于电商平台的侵权责任及免责原则，具有第三方义务与平台管理责任，但在经营管理过程中，通过行使私权力维护自身私主体利益（祝珺，2020）。因此，在难以实施审查和未能有效制止专利和商标侵权行为的情况下，"通知—删除"规则在专利和商标侵权中难以适用，还存在渠道控制等电商平台经营者难以辨别的行为和采取必要措施的不确定性等问题。"通知—删除"规则是应对当前电子商务领域知识产权侵权问题的一项重要创新举措（兰昊，2020）。然而，该规则也存在局限性，主要表现为缺乏诉前禁令所具备的条件，却需承担类似于诉前禁令的及时控制和防止侵权损害扩大的职责。

综合来看，"避风港"原则在一定程度上促进了知识产权保护，但随着

---

① 自 2021 年 1 月 1 日起《中华人民共和国民法典》（以下简称《民法典》）施行，《侵权责任法》同时废止。

科技发展和电商平台竞争加剧，导致了诸多新问题，如对电商平台经营者保护知识产权的约束力较弱，以及恶意投诉未能真正解决知识产权保护问题，部分电商平台存在假冒伪劣产品问题。因此，"通知—删除"原则本质上是一种制度规范，难以实现实际意义上的知识产权保护，特别是对一些"不自觉"的电商平台来说，其约束力显得微弱。

3. "红旗"原则

《电子商务法》第四十五条规定："电子商务平台经营者知道或者应当知道平台内经营者侵犯知识产权的，应当采取删除、屏蔽、断开链接、终止交易和服务等必要措施；未采取必要措施的，与侵权人承担连带责任。"该法条弥补了"避风港"原则仅规定电商平台经营者知识产权保护失责的责任的不足，从立法角度要求电商平台经营者主动承担保护知识产权的责任，理论和实务中被称为"红旗"原则。然而，由于电商平台主动审查成本高、流程复杂等问题，该原则在一定程度上提高了电商平台保护知识产权的责任，但也存在形式大于实质的问题。"红旗"原则适用于网络服务提供者是否客观知晓其侵权事实的情况，而目前缺乏符合"红旗"原则中"应知标准"的明确、统一的判断标准，因此"红旗"原则在司法实践中，还需厘清网络服务提供者的侵权责任，明确指引网络服务提供者应履行的知识产权保护法定注意义务（张松，2022）。

（二）平台知识产权保护洼地的定义和成因

1. 知识产权保护洼地效应的定义

洼地效应概念源自经济学领域，最初用于阐释某一区域因具备比较优势，能够构建理想的经济和社会人文环境，进而对各类生产要素产生更强的吸引力，形成独特的竞争优势。当前，该效应已在城市发展规划、企业经营管理等多个领域得到广泛应用（叶广宇、欧燕芬，2009）。然而，在形成过程中，洼地效应既可能为主体带来发展优势和利益，也可能因不当运用而导致不正当竞争行为的发生和主体创新力的削弱。

知识产权保护洼地特指电商平台经营者放任平台内经营者侵犯知识产权行为，不配合权利方的维权活动，导致平台成为知识产权保护的低洼地带，进而吸引更多的侵权假冒者入驻，以期获取更高的利润。知识产权保护洼地现象主要表现为电商平台内侵权者面临较低的成本和法律风险，而知识产权权利人的利益难以得到有效维护。这种现象对中国知识产权保护体系产生了负面影响，阻碍了国家创新发展战略和高质量发展目标的实现。此外，它还构成了电商平台间不正当竞争的一种方式，对电商市场的竞争环境造成了不良影响，不利于电子商务领域的可持续发展。

知识产权保护洼地现象尤其容易在那些以低成本和低价格为经营模式的电商平台中产生。以电商平台甲为例，作为电子商务领域的新兴力量，该电

商平台打破了行业双寡头的格局，并以较短的时间跻身《财富》世界 500
强，成为电子商务领域的一匹黑马。知识产权保护洼地效应对电商平台甲的
迅速崛起起到了关键作用。该电商平台因此吸引了大量商家和用户，成为拥
有超过数亿用户的超大型电商平台。

2. 知识产权保护洼地效应的成因分析

知识产权保护洼地效应的形成原因可从内部和外部两个维度进行剖析。
内部原因主要与平台所属企业的战略目标和经营理念紧密相关，而外部原因
则涉及法律制度、监管机制、利益相关者等多方面因素，例如网络平台的隐
蔽性、责任界定不明确、监督机制的不完善、恶意投诉的普遍性、跨境平台
管理的复杂性、保护规则的过度保护以及知识产权保护标准的缺失等（胡
炜、马晓，2019）。作为交易撮合的中介，电商平台的商业模式依赖于流量
和成交额，因此在知识产权保护方面往往显得力不从心。由于网络的便捷性
和普及性，电商平台上的侵权行为极易发生。一旦侵权行为发生，对其进行
追踪和处理则极为困难。尽管存在"避风港""红旗"等规则，但在实际操
作中，电商平台往往基于运营成本和利润的考量，试图推卸责任，向权利人
表明已采取措施以规避责任，从而忽视了对知识产权的保护（王迁，2016）。

此外，电商平台在技术和管理上也面临挑战。大规模整顿侵权行为将导
致运营成本的显著增加，并可能影响用户的使用体验，进而导致用户流失。
因此，电商平台在主观意愿上往往不会主动采取措施保护知识产权（徐楠
轩，2015）。

3. 以电商平台甲为例分析知识产权保护洼地的成因

（1）电商平台甲经营理念之剖析。

电商平台甲将娱乐分享的经营理念融入电子商务运营，形成了其独特的
"社交电商"模式。该模式下，"帮我砍一刀"已成为公众对该电商平台的
显著印象。尽管该电商平台作为一家比较年轻的企业，以电商为发展核心，
取得了显著成就并吸引了大量用户，但其被投诉率亦居高不下。电商平台甲
之所以能在短时间内跻身三大电商巨头之列，主要得益于其商业模式。具体
而言，该电商平台采取了"社交＋电商"的销售模式、"病毒式"营销策略
以及"唯低价"的经营策略，其利润来源包括在线营销服务、佣金收入、商
品销售收入及收费会员收入等，其中在线营销服务是核心收入来源。因此，
即便平台内的商家未必盈利，该电商平台自身却能确保盈利，这也是其低价
策略得以成功的关键。

深入分析该电商平台的商业模式，可以发现其成功因素包括：首先，该
电商平台精准定位细分市场，主要聚焦于三四线城市，尽管这些城市的人均
收入和消费水平较低，但庞大的人口基数使得该电商平台能够通过量变引发
质变，建立起市场优势；其次，该电商平台的用户群体以中青年为主，其中
女性用户数量是男性用户的两倍，以家庭主妇为核心，对价格极为敏感；再

次，该电商平台通过病毒营销模式与商家和用户之间建立了更为紧密的关系；最后，通过零元入驻等政策，吸引了大量低价商家加入。

综上所述，电商平台甲依托自身的核心资源，构建了一个面向家庭主妇、初入职场的年轻人、学生等低消费群体的多边平台商业模式。通过为供应商提供平台，为消费者提供低价服务，该电商平台与供应商建立了合作伙伴关系，与消费者建立了私人关系、自动化服务关系和社区关系。正是这种商业模式，使得电商平台甲能够顺利实施"低价"策略，但同时也引发了商品质量问题，成为公众诟病的焦点，形成了对假冒伪劣商品平台的固有认知（蒋石梅等，2023），此外，电商平台甲的经营理念和商业模式为平台内经营者实施知识产权侵犯行为提供了便利条件，导致基层法院、地方知识产权保护部门的处理案件中，与该电商平台相关的投诉案件数量最多。

（2）电商平台甲与其他电商平台的比较分析。

电商平台乙采取包括"护宝锤项目"允许品牌方主动维权，玉门关系统防止不当发布品牌词，爱图生系统识别并治理无授权商品，京盾系统通过巡查和算法评估商品风险，以及鹰眼图像识别系统保护商家图像资源。在规则制度方面，电商平台乙还实行资质审核提高准入门槛，主动巡查制度筛查产品质量和宣传方式，神秘购买制度鉴定商品问题，积分管理制度惩处不诚信行为，其违规处理措施包括违约金、商品下架等。

电商平台丙在知识产权保护方面也采取了多项措施。在技术手段方面，电商平台丙建立了知识产权保护平台，为权利人提供了一个统一的投诉渠道，使权利人便于对该平台上的侵权商品和行为提出投诉。平台会对投诉内容进行审核，一旦确认侵权，将删除相关链接并通知侵权方。同时，该平台所属企业的原创保护平台为商家提供了一个权威、专业的全链路解决方案，包括一站式备案、维权和授权服务，以保护商家首发的图片、短视频和创意设计。通过引入第三方存证机构，对设计作品进行电子存证，并提供多种保护方案，如首发创意保护、短视频保护和图片保护等，此外，电商平台乙所属的企业打假联盟采用智能算法技术，结合权利人的品牌知识、行业特征与资源，联合线下执法行动和民事诉讼等手段，共同打击假货问题。

与之相比，电商平台甲在知识产权保护方面也采取了一定措施保护知识产权，但由于其采取低价商品策略、用户群体特点以及侵权识别技术有限、技术应用不充分、审查机制不完善、投诉处理机制不健全、对商家的约束力不足、与品牌合作不够深入、用户教育力度不够、法律责任界定模糊、监管压力相对较小等原因，电商平台甲不仅在知识产权保护方面表现不佳，反而成为知识产权保护的洼地。

二、平台知识产权保护洼地对创新与竞争的影响

（一）平台知识产权保护洼地对竞争的损害

1. 不正当获取竞争优势

自由竞争构成了市场经济的核心，其核心内容在于竞争者在相同的市场环境和条件下，遵循统一的市场规则，自主决定参与或退出市场竞争，而不受外部意志的干预。知识产权保护须以牺牲自由竞争为代价，然而，知识产权保护的初衷在于使市场参与者有序竞争，规范竞争行为，防止不正当竞争和恶性竞争的发生。

知识产权保护的缺失导致某些平台因未投入相应的保护措施而承担较低成本，同时吸引大量侵权和假冒商家入驻，从而获得实质性的竞争优势。电商平台甲作为知识产权保护洼地的典型代表，其成功依赖于"唯低价"策略。该平台的用户主要集中在三四线城市及广大农村地区，这些区域的人均收入较低。然而，依据长尾理论，这些区域的人口基数庞大，电商平台甲正是利用这一市场机遇，针对这些区域的消费水平，采取"唯低价"策略，通过销售假冒伪劣商品来吸引用户。尽管《反不正当竞争法》第八条要求经营者不得对其商品的性能、功能、质量、销售状况、用户评价、所获荣誉等进行虚假或误导性的商业宣传，欺骗和误导消费者。同时，经营者也不得通过组织虚假交易等手段，协助其他经营者进行虚假或误导性的商业宣传。但是，电商平台甲的应用界面充斥着真假难辨的宣传和极低的价格，使得消费者难以准确判断商品的真伪和质量优劣，低廉的价格仍吸引着用户。可以认为，这些行为构成了不正当竞争。

2. 扰乱市场竞争秩序

由于洼地效应的存在，其他竞争性平台亦缺乏加强知识产权保护的动力，进而陷入恶性循环，导致低质量竞争的内卷化，无法实现良性竞争。当前，电商平台的内卷化已成为热议话题，品牌价值日益被忽视，假冒伪劣现象严重，价格优势成为主导，产品力则被边缘化，从而导致消费水平的下降。

尤其在产生知识产权保护洼地的背景下，电商平台经营者深陷内卷化竞争，未能通过"以价换量"策略减轻运营压力，行业内企业逐渐陷入恶性循环；市场偏离了合理的价格机制和有序竞争的轨道，转变为扭曲的竞争方式。这迫使消费者不得不接受低价但质量低下的商品。

电商平台甲之类的电商平台之所以能通过知识产权保护洼地获得竞争优势，主要是因为消费者在短期内迅速获得了利益，降低了消费成本。然而，从长远来看，消费者只能获得更劣质的商品，这将逐渐消减消费者的热情，

并可能导致消费者对该行业未来感到失望。从电商平台商家的角度来看，他们虽然可以获得流量和市场份额，但长期而言，商家的福利将受损，尤其是那些坚持原创的商家，"劣币驱逐良币"的现象将日益严重，这些企业可能会考虑减少投入，从而导致竞争秩序的混乱。随着电商平台甲市场份额的不断扩大，电商平台乙推出了自身低价版，以价格优势为核心，使得原本定位高端的平台策略逐渐趋同于传统低价平台。电商平台乙推出低价版的目的在于争夺电商平台甲所占据的市场份额，特别是针对三四线城市和广大农村地区的消费者。这也是整个电子商务行业市场竞争秩序受损的典型表现。

3. 消费者权益受损

知识产权保护的不足将导致假冒伪劣商品在平台上的泛滥，迫使消费者接受这些商品。尽管短期内消费者可能享受到较高的利益，但频繁购买到侵权假冒产品会使消费者陷入低价购买低质产品的困境，无法真正满足其对物美价廉商品的需求。作为消费者，期望购买物美价廉的商品是自然的。然而，某些电商平台利用消费者的消费心理和观念，为了追求自身利益，忽视知识产权保护，以知识产权保护的不足作为谋利手段，吸引更多的假冒伪劣商品商家入驻平台。这不仅侵犯了消费者的合法权益，甚至可能危及消费者的生命安全。

由于电商平台的不可接触性和隐蔽性，消费者在购买商品时与商家之间存在信息不对称的问题。通过网络平台，消费者难以全面了解产品信息，因此因知识产权保护的不足导致的假冒伪劣产品侵犯了消费者的知情权和选择权。这些产品常常通过伪造认证标志、误导性产品信息等手段欺骗消费者，使得消费者难以获取真实商品信息，难以做出明智的选择，从而侵犯了消费者的知情权和选择权。更严重的是，这些伪劣假冒产品还可能对消费者的生命安全构成威胁。从长远来看，消费者将逐渐丧失对平台的信任，可能引发新的社会危机。例如，目前许多消费者对某平台的营销模式感到极度厌恶，该平台已成为劣质产品的代名词，成为损害消费者权益的重灾区。

（二）平台知识产权保护洼地对创新的损害

1. 对创新动力的负面影响

创新作为推动发展的核心动力，其保护机制的核心在于知识产权的维护（吴超鹏、唐菂，2016）。然而，层出不穷的假冒伪劣商品对知识产权的保护构成了严峻挑战，同时也削弱了社会的创新能力。电子商务作为国民经济发展的关键支撑，却因知识产权保护的不足，成为仿冒商品的主要流通渠道。知识产权保护洼地平台的存在为仿冒商品提供了滋生和销售的环境，使得品牌所有者在维权方面面临重重困难，进而打击了他们的创新积极性。

知识产权保护的不足导致某些平台上充斥着真品的宣传图片，或是与真品极为相似的宣传材料和广告语，加之远低于官方旗舰店的价格优势，使得消费者难以辨别真伪。这种现象的一个关键成因在于知识产权保护的缺失，以及电商平台对售假行为的默许。在中国，电商平台通常扮演"交易中介"的角色，不直接参与商家与消费者之间的交易，而是提供基础服务。特别是在某些平台上，商品的质量和售后服务由第三方商家负责。在这种模式下，电商平台在运营中追求的是流量和交易额的最大化，而假冒伪劣商品因其低价优势，有助于电商平台创造短期流量和交易量的激增。这些仿冒商品由于进入门槛低、用户基数大、利润丰厚、成本低廉，以及超乎寻常的低价和无限制的促销手段，严重损害了那些专注于研发和创新的企业的利益。为了生存和发展，许多企业不得不减少甚至放弃对研发创新的投入，这无疑消减了企业的创新热情。

2. 影响平台创新激励

电商平台甲的知识产权保护洼地策略带来了利益，符合其战略目标，但同时也对其他平台的创新激励产生了影响。面对电商平台甲的竞争，电商平台丙和电商平台乙既采取了相应措施，也推出了低价产品和服务。例如，电商平台乙所属企业推出了低价版电商平台，与电商平台甲竞争，价格战成为电商领域的主要手段。然而，商品价格的降低容易导致假冒伪劣产品的出现，这不仅打击了创新的积极性，也对其他电商平台的创新激励产生了负面影响。本应将资本和资源投入到创新活动中的电商平台只能将注意力转向无休止的价格战，而价格战本身还需要通过平台对平台内商家施压，甚至是强迫平台内商家参加超低价竞争的方式完成。通过对最近几年愈演愈烈的知识产权保护洼地效应的观察可知，电商平台的创新能力随着低价竞争的激烈程度上升而下降，呈反比例关系。因此，平台知识产权保护洼地效应的存在极大地影响了各平台的创新激励，并最终损害行业和社会的整体创新效果。

3. 低价低质导致创新能力缺失

电商平台甲所引发的电商"价格战"和内卷式竞争对实体经济造成了破坏性影响，严重损害了企业的创新能力和国家的创新驱动发展战略。企业的核心竞争力源于其持续的创新能力，而国家的核心竞争力则体现在其整体的创新能力上。电商行业作为中国国民经济发展的重要支撑，其对创新力的削弱已成为制约企业发展乃至行业进步的关键因素。

依据项目管理和产品生命周期理论，产品会经历开发期、引入期、发展期、成熟期和衰落期等阶段。产品从构思到市场投放，需经过市场调研、产品设计、原型制作、生产制造、质量控制等环节，涉及原材料采购、人工成本、制造费用、销售费用、管理费用、财务费用等多方面支出。因此，从横向和纵向比较来看，若产品价格显著低于市场平均水平，其质量往往难以保证，企业利润亦将受限（李瑞、楼婷，2021）。国家的未来发展依赖于创新力和新质生产力的提升，企业只有在盈利的基础上才能增加研发投入，推动进一步的创新；国家亦需依赖包括企业在内的纳税主体，以支持财政投资于创新。对于产品和服务的提供方而言，资金投入是创新活动的重要基础。然而，在电商平台甲上，商家为了获取流量和市场份额，不得不降低商品价格，这直接导致了研发投资的减少，从而也影响到平台的创新能力。

三、消除平台知识产权保护洼地的路径选择

（一）从立法层面完善针对洼地平台的法律责任

1. 提高惩罚力度

从立法的角度，目前涉及知识产权保护的法律有：《著作权法》、《专利法》、《商标法》、《反不正当竞争法》、《民法典》（第七编　侵权责任）以及相关保护条例和保护公约。专门针对电子商务领域颁布的法律是《电子商务法》，其第五条、第四十一条至第四十五条、第八十四条、第八十五条规定了有关电子商务平台保护知识产权的相关责任和义务，但其对电子商务平台在知识产权保护领域的规制作用不够明显，电子商务平台处于被动保护知识产权的角色中。目前存在立法滞后与电子商务飞速发展之间的矛盾、实体法规定可操作性尚待完善、电子商务知识产权保护特定对接程序规定缺位等问题，比如《电子商务法》第四十二条规定电子商务平台经营者处理知识产权权利人的投诉通知后积极作为的规定为"应当及时采取必要措施"，而对"及时"和"必要"两个词语没有进行细化，实践中容易出现责任不清、证明不能的被动局面；第四十五条规定："电子商务平台经营者知道或者应当知道平台内经营者的侵犯知识产权的，应当依法采取删除、屏蔽、断开链接、终止交易和服务等必要措施"，但"知道和应当知道"是一项在实践认定中相当困难的判断状态，而且举证责任的分配由主张权利人来承担增加了举证困难，对于侵犯知识产权没有明确的种类、程度、损失范围、次数等的限制，在现实中加大了知识产权权利人主张权利的难度（张科，2019）。

针对以上问题，笔者认为应当从立法层面，补充电商平台的相关责任和义务，让电商平台保护知识产权的内容更加细化，如增加《电子商务法》第四十二条"应当及时采取必要措施"中"及时"和"必要"的解释范围，明确哪种情况属于"及时"，哪些行为属于"必要"；此外，还需要加大对电商平台未履行好知识产权保护义务的处罚力度，如针对没有很好地履行知识产权保护义务的电商平台，不仅需要要求其承担连带赔偿责任，还应该承担三倍赔偿责任，而除了赔偿责任外，电商平台还需要承担被行政处罚和公示警告义务，且如果侵权行为造成严重后果的，电商平台与侵权人还需要一同承担相关刑事责任。除此之外，还应当提高电商平台未履行好事前审查职责的处罚力度。现行的《电子商务法》第四十一条明确了电商平台经营者有主动建立保护规则和加强与知识产权权利人合作的责任和义务；第四十二条

至第四十四条规定了电商平台经营者、电商平台内的经营者、知识产权权利人、侵犯知识产权人在电商平台知识产权保护体系中应当承担的责任和义务，以及侵权行为发生后，各自应当承担的法律责任；第四十五条规定了如果侵权行为发生了，电商平台有主观意愿但没有采取相关保护措施后，应当承担连带责任。笔者认为，应当从立法层面明确电商平台未有效履行事前审查义务，造成侵权行为发生后，应当承担相应赔偿责任。

2. 确立电商平台对知识产权侵权的审查义务

《电子商务法》虽然规定了电商平台应当遵循"通知—删除—反通知"原则，并且平台经营者在"明知或应知"的主观认识下需要承担责任，却未明确如何认定平台经营者主观的标准和方式，这使得在实践过程中难以有效判断和归责，让权利人难以获得有效救济，这不利于对知识产权的保护。此时，应当明确由电商平台承担相应的知识产权侵权审查义务，不仅是从知识产权的私权性质角度出发，还是基于公平原则和危险控制理论角度来分析。只有电商平台承担了一定知识产权事先审查义务，才能更好地平衡知识产权权利人、平台卖家和电商平台之间的利益（李伟、李孝娟，2019）。基于以上分析，应当根据电商平台的不同类型，赋予其承担不同的知识产权事先审查义务。根据电商平台与平台卖家之间不同的合作模式，赋予电子商务平台不同程度的审查义务（李伟、陈佳举，2019）。例如，电商平台应当承担包括商家入驻时的一般事前审查义务和卖家在平台上经营期间的特殊事前审查义务，且随着科学技术的日新月异，电商平台应当采取技术手段包括人工智能技术等进行知识产权侵权审查，主动打破知识产权保护洼地。

3. 明确平台的承担连带责任

《电子商务法》在第四十五条和第八十四条分别规定了电子商务平台没有履行知识产权保护义务时，需要承担的民事责任和行政责任。第四十五条规定："电子商务平台经营者知道或者应当知道平台内经营者侵犯知识产权的，应当采取删除、屏蔽、断开链接、终止交易和服务等必要措施；未采取必要措施的，与侵权人承担连带责任。"第八十四条规定："电子商务平台经营者违反本法第四十二条、第四十五条规定，对平台内经营者实施侵犯知识产权行为未依法采取必要措施的，由有关知识产权行政部门责令限期改正；逾期不改正的，处五万元以上五十万元以下的罚款；情节严重的，处五十万元以上二百万元以下的罚款。"

但在实际执法过程中，由于需要满足"知道或者应当知道平台内经营者侵犯知识产权的"且还需要满足"未采取必要措施的"两个条件后，电子商务平台才需要承担连带责任，而电子商务平台在知识产权侵权事件中拥有控制整个事件的绝对权，还存在知识产权侵害人实施侵害行为成本低和权利人举证难的问题，所以在有关知识产权纠纷案中判决电子商务平台需要承担连带责任的很少。对此，应当规定电商平台作为撮合交易者在知识产权侵权和不正当竞争案件中的哪些行为需要承担连带责任。尤其是当其无法提供平台内商家的真实详细信息时，应先行承担赔付责任，保障被侵害方的合法利益。

（二）从执法层面强化对洼地平台的执法关注

1. 提升执法强度

立法明确界定了电子商务平台在知识产权保护方面的主动责任，而非对侵权行为的忽视导致知识产权保护的洼地。因此，必须加强对电子商务平台的监管，形成打击侵权违法行为的协同效应。具言之，市场监管部门需强化对重点市场和关键环节的执法力度，严惩假冒伪劣等违法行为，并开展针对平台内知识产权侵权行为的专项治理行动，以提升对侵犯知识产权行为的处罚力度。

国家知识产权局发布的《关于深化电子商务领域知识产权保护专项整治工作的通知》，从行政执法层面加强了知识产权保护。加强电子商务平台知识产权行政保护的必要性在于平衡电子商务平台的权力化与知识产权的公私利益，解决平台治理难题和知识产权侵权案件的执法挑战。针对交易量大、社会关注度高的电子商务交易领域，应增大整治力度，实施专项整治。

2. 构建监督体系

当前，电子商务平台知识产权保护机制存在监管机制不合理、监管规则不全面、保护实践难度大、执法难度大、知识产权滥用现象严重等问题。为此，需引导平台构建统一规范的知识产权保护监管体系，例如，平台可依据自身技术能力建立统一的知识产权系统和知识产权侵权举报系统，以提高知识产权保护的实际效率。针对电子商务平台存在的知识产权纠纷和保护问题，应引入后设监管动力机制，政府可通过监管权力转化协助平台建立自我监管体系，如指导平台对经营者信息真实性进行审查、构建知识产权全过程自我监管体系等；政府还可通过信用联合监管帮助平台实现成本收益改进，如依据平台自我监管状况开展信用评估、以信用激励惩戒推进平台成本收益改进等；政府亦可通过社会声誉机制培养平台的责任感和使命感，如激励平台主动承担社会责任、指导平台主动融入国家战略等。此外，还需引导平台建立自我监管体系，并针对不同平台提出具体建议，特别关注知识产权保护执行不力的平台，加强外部监管，如社会公众、政府、媒体等对平台的监督。

3. 执法与平台合作机制

在重视外部监督的同时，亦须加强平台内部自治。对外，需强化政府监督；对内，电子商务平台应具备高度的自觉性，实现自我监督。关于监督体系的构建，可从事前审查、事中处理、事后规制三个环节入手：事前审查已在前文提及，主要指电子商务平台需根据自身情况建立完善的审查制度。事中处理则基于电子商务平台享有一定的自主权利。事后规制则需引入行政监管部门、司法部门、第三方机构等多方协作联动，例如，执法部门有权入驻平台，建立执法与平台合作机制，以更有效地保护电子商务平台内的知识产权。

（三）从司法层面畅通洼地平台相关受害者的维权途径

1. 保障原告申请调查权，以便他们能够更有效地收集证据

根据《电子商务法》第四十二条的规定，只有在知识产权权利人发出侵权通知之后，电商平台的经营者才会采取措施来处理侵权行为。然而，在知识产权权利人发出通知之前，他们需要提供构成侵权的初步证据，这就要求知识产权权利人必须进行一定的调查以收集这些证据。但是，在实际发生侵权行为之后，知识产权权利人在举证过程中的难度是相当大的，同时，成本也会相应地增加。鉴于此，应当在个案中加大应原告申请对平台提供相关材料和数据的调查力度，对于不配合调查的情形，应当明确责任。

2. 实施举证责任倒置制度，减轻权利人在取证过程中的负担

即便保障了知识产权权利人的申请调查权，他们在维权过程中仍然面临诸多困难，因为在整个侵权案件中，知识产权权利人通常处于相对弱势的地位。取证的过程不仅复杂而且漫长，加之电商平台存在隐私保护限制等问题，知识产权权利人的调查行为往往难以顺利进行。因此，可以考虑在《商标法》第六十三条中针对一些特定情况下，要求侵权人主动提供相关材料，或者由平台主动提供相关材料，即适当允许举证责任倒置。在某些情况下，法院甚至可以主动追加平台为被告，以确保知识产权权利人能够更公平地进行维权。

四、结　语

知识产权保护在电商平台领域所呈现的洼地效应，是由多种因素共同作用的结果。这些因素包括但不限于平台自身的经营策略、国家法律法规的滞后性以及执法部门面临的具体困难。知识产权保护洼地现象的形成，已经成为影响电商平台健康竞争秩序和企业创新活力的关键因素，同时也对公众利益造成了不可忽视的损害。必须高度重视平台知识产权保护的洼地效应，无论是在民众、社会还是国家层面，未来的发展都必须将知识产权保护置于重要位置，构建规范的竞争环境，提升企业的创新潜能，从而增强企业和国家的核心竞争力。为此，立法机关需在法律层面明确电商平台在知识产权保护方面的责任和义务，执法部门应加强对侵犯知识产权行为的打击力度，并对电商平台的不作为或不当行为进行严格处罚；司法机关应赋予知识产权权利人更多的法律手段，以便其能够有效维护自身权益；同时，社会公众的知识产权保护意识也需得到提升，对知识产权洼地平台形成有效监督，以确保公众长期利益的保护。

参 考 文 献

［1］蒋石梅、曹辉、覃欣然、石佳钰、孙静：《社交电商平台颠覆性创新的触发机制研究——基于拼多多的案例研究》，载《技术经济》2023 年第 6 期。

［2］兰昊：《电商领域知识产权"通知—删除"规则的困境与出路》，载《知识产权》2020 年第 4 期。

［3］李瑞、楼婷：《低价竞争、消费偏好养成与中小企业创新——网络平台的劣币驱逐良币效应》，载《经济论坛》2021 年第 9 期。

［4］李伟、陈佳举：《论电商平台专利审查义务——兼论〈专利法〉修订中的审查规则构建》，载《科技与法律》2019 年第 5 期。

［5］李伟、李孝娟：《论电商平台知识产权事前审查义务》，载《中国发展》2019 年第 1 期。

［6］李小草：《〈电子商务法〉电商平台知识产权保护规定的法体系适用研究》，载《法律适用》2020 年第 13 期。

［7］王迁：《对电商平台间接侵害商标权的认定》，载《人民司法（应用）》2016 年第 10 期。

［8］吴超鹏、唐菂：《知识产权保护执法力度、技术创新与企业绩效——来自中国上市公司的证据》，载《经济研究》2016 年第 11 期。

［9］徐卓斌：《〈电子商务法〉对知识产权法的影响》，载《知识产权》2019 年第 3 期。

［10］叶广宇、欧燕芬：《洼地效应与民营企业成长》，载《经济体制改革》2009 年第 6 期。

［11］张国清、王扬：《反不正当竞争法对保护知识产权的作用》，载《郑州大学学报（哲学社会科学版）》1998 年第 4 期。

［12］张科：《广东省电子商务知识产权保护立法若干问题思考》，载《电子商务》2019 年第 4 期。

［13］张松：《"红旗规则"视域下网络服务提供者版权保护法定注意义务认定研究》，载《中国出版》2022 年第 21 期。

［14］张玉敏：《知识产权的概念和法律特征》，载《现代法学》2001 年第 5 期。

［15］祝珺：《电商平台知识产权保护问题研究》，载《知识产权》2020 年第 4 期。

The Impact of Platform Intellectual Property Protection Depression on Innovation and Competition and the Countermeasures

Jia Yuan　Linghu Zhao

Abstract：The issue of platform intellectual property protection depression has seriously interfered with the innovation impetus and competition pattern of the industry, and has become a key factor restricting the high-quality development of e-commerce platforms. The depression effect of intellectual property protection leds to some platforms gaining undue competitive advantages because they have not taken protective measures, attracting infringing and counterfeit merchants to settle in, disrupting the market competition order and infringing on the rights and interests of consumers. In addition, the depression effect of the platform's intellectual property protection also weakens the platform's innovation motivation and affects its innovation ability. In order to solve this problem, we should increase the punishment on the e-commerce platform from the angle of legislation, and further clarify the joint liability of the e-commerce platform. From the perspective of law enforcement, we should pay attention to the intellectual property protection of depression platforms, and build a more comprehensive and standardized supervision system. From a judicial point of view, the plaintiff should be strengthened to apply for the investigation of relevant data and materials in the case, and the burden of proof should be appropriately allowed to reverse, in order to eliminate the depression effect of intellectual property protection of e-commerce platforms. Through these measures, it is expected to improve the intellectual property protection level of the e-commerce platform industry and society as a whole, stimulate innovation vitality and promote fair competition.

Keywords: E-commerce Platform   Intellectual Property Protection Depression   Unfair Competition   Innovation Ability

JEL Classification: K21

第 24 卷第 1 辑　　　　　　　　产业经济评论（山东大学）　　　　　　　Vol. 24　No. 1
2025 年 3 月　　　　　　　　Review of Industrial Economics　　　　　　　March 2025

公共数据流通何以促进产城融合？

——基于公共数据开放平台的准自然实验

蒋　琪　周振超　王鑫涛*

摘　要：城市的发展问题应处理好聚集经济与治理成本的辩证关系。作为推动公共数据汇聚利用的重要环节，公共数据流通统筹起数字经济与数字城市的发展目标，为一体化推动产城深度融合提供关键要素。以各地级市建立公共数据开放平台作为考察公共数据流通的准自然实验契机，本文利用多期双重差分法证实了公共数据流通能够驱动产城融合。这一关系通过促进产业结构高级化、提升要素配置效率和提高公共服务水平为路径产生作用。异质性分析发现，受数据衍生性、规模经济和治理难易等因素影响，公共数据流通对产城融合的促进作用在规模更大的城市中更加显著。继续深化公共数据流通成为经济社会实现数字化转型的必然趋势。基于上述结论，提出如下政策建议：应以深化公共数据流通为契机，加快构建促进数字经济发展的体制机制，培育驱动产城融合的新质生产力，以实现整体智治为目标提升城市公共服务能力。

关键词：公共数据　要素流通　产城融合　产业结构高级化

一、引　言

受规模经济与正外部性影响，空间聚集一直是关乎经济发展的重要因素。城市逐渐成为社会财富和国家现代化的主要载体与核心引擎。然而，城

---

* 本文受教育部人文社会科学青年基金项目"开放公共数据驱动政府治理能力提升的制约因素与化解机制"（编号：24YJC630089）、国家资助博士后研究人员计划 C 档资助"开放公共数据驱动政府治理能力提升的效果与路径研究"（编号：GZC20241425）、重庆市教委哲学社会科学重大理论研究阐释重大项目"重庆探索超大城市高品质生活高效能治理研究"（编号：24KZDZX08）、2025 年度辽宁省经济社会发展研究课题"数据要素流通赋能辽宁省新质生产力：影响机制与溢出效应研究"（2025lslybkt－038）资助。
感谢匿名审稿人的专业修改意见！
蒋琪：西南政法大学政治与公共管理学院；地址：重庆市渝北区宝圣湖街道宝圣大道 301 号，邮编 401120；E-mail：jiangqi0502@ swupl. edu. cn。
周振超：重庆警察学院；地址：重庆市沙坪坝区大学城景铮路 666 号，邮编 401331；E-mail：zhouzhenchao72@ 126. com。
王鑫涛：南开大学商学院；地址：天津市南开区白堤路 121 号，邮编 300071；E-mail：wangx-intaoeffort@ mail. nankai. edu. cn。

市最优规模是聚集经济与治理成本的权衡结果。伴随空间聚集程度加深，公共服务对巨量的人口基数呈现出乏力，公民居住成本不断提高，环境污染、交通拥堵等"城市病"显著暴露。城市亟须在聚集与扩张中寻找协调发展与平衡的新思路。产城融合是指在兼顾产业结构、城市载荷和可持续发展的基础上，推动城市功能与产业发展协同优化与良性互动（刘欣英，2016），而现实中，大多数城市的产业发展与城市规划并未达成和谐共生，"有产无城""有城无产"等割裂格局时有发生。例如，"填鸭式"的园区经济偏重生产职能，公共服务配套体系不足，忽视了对转移人口的市民化，引发职住分离，产业发展难以为继；再如，为获得开发收益"摊大饼"式地进行土地扩张，城市缺乏产业支撑，土地城镇化明显快于人口城镇化，衍生出大量"空城""鬼城"。党的二十届三中全会决定强调，健全推进新型城镇化体制机制，提出"构建产业升级、人口集聚、城镇发展良性互动机制"。鉴于上述背景，以产城融合为路径，考察并检验推动城市经济与社会协同发展的理论逻辑与实践方案至关重要。

　　数据是统筹推进数字政府建设与数字经济战略的关键要素。从治理系统看，随着城镇化进程步入中后期阶段，社会结构加快转型，公共事务由简趋繁，在以城市为单位的治理场域中充分开辟数据应用场景，以降低城市治理成本并提升治理效能尤为关键；从经济系统看，面对"三期叠加"的阶段性演化，数据成为培育新质生产力，推动高质量发展的核心要素，对创新城市新经济增长点和赋能传统产业基础影响重大。《关于深化智慧城市发展推进城市全域数字化转型的指导意见》明确提出，应"充分发挥数据的基础资源和创新引擎作用，整体性重塑智慧城市技术架构、系统性变革城市管理流程、一体化推动产城深度融合"。公共数据覆盖领域广泛、种类丰富且价值含量极高，是总量占比最大的一类数据要素，其商业价值与社会价值具有示范性、基础性和引领性作用（方锦程等，2023）。公共数据流通联结起政府与公众对数据价值开发利用的多元诉求，是政府整合并向社会各类主体平等供给公共数据资源的过程。作为推动公共数据汇聚利用的重要环节，探讨公共数据流通能否以及如何驱动产城融合具有现实意义与时代价值。

　　公共数据开放平台在政府推进公共数据流通的过程中发挥着关键作用，是公共数据发布端和获取端的中介与载体。截至 2023 年 8 月，我国已有 226个省级和城市的地方政府上线了公共数据开放平台①。作为新型城镇化的主体形态，城市在推动产业升级、吸纳就业、聚集人口和提供公共服务等方面发挥了重要作用。聚焦城市这一核心空间载体，本文利用各地级市陆续建立公共数据开放平台作为考察公共数据流通价值的准自然实验契机，分析并验

---

① 《开放树林报告》，http：//www.ifopendata.cn/report。

证了公共数据流通与产城融合的关系。研究创新点在于：首先，虽然可及文献普遍认可以产城融合为路径的城市发展思路，但关于产城融合实现路径的讨论较为不足，尤为缺乏根据实证检验得出的经验证据，未能与前期聚焦产城融合量化指标的研究成果充分结合并利用起来。围绕"先产后城"和"先城后产"这两类主导思路，本文将公共数据流通与产城融合放在同一分析框架下，发现公共数据流通通过促进产业结构高级化、提升要素配置效率和提高公共服务水平来促进产城融合，回答了数字时代背景下，产城融合通过何种具体路径得以实现这一实践问题。其次，产城融合以应对城镇化过程中可能诱发的"产城分离"为导向，将一体化推进产业规划与城市功能作为城市发展的重要支撑，这一概念本身就是基于系统观视域的辩证考量。从可及文献来看，尽管分别从生产和治理视角，对数据要素的价值生成机理和公共数据的流通价值展开了理论探索与经验研究，但鲜少有文献将二者融合起来，关于数据要素何以促进数字城市与数字经济协调发展的研究亟待深化。本文以"价值共创"为逻辑起点，聚焦多元主体的数据利益，尝试回答公共数据流通缘何推动城市经济系统与治理系统协同发展这一理论问题，检验并深化了关于数据要素及其价值生成机理的既有理论成果，对该领域不同学科成果发挥了融合与互补作用。相关研究结论既有利于为健全新型城镇化体制机制，推动产城深度融合明确行动方案；还有利于明确政府深化公共数据流通的政策取向，为推动政府、市场、公共管理等领域系统实施数字赋能规划目标。

二、文　献　综　述

（一）产城融合的相关研究

以产城融合为主题的研究始于针对产业化与城镇化关系的理论探讨（王霞等，2014），这一范畴的文献与聚焦传统城市化弊端、新型城镇化特征的文献呈现出一定的融合、继承与发展关系。长期以来，缺乏产业支撑是中国城市化进程中存在的关键问题（汪大海等，2013）。例如，张鸿雁（2013）认为，城市规划无序或短视可能导致城市发展沦为产业附属配套；吴敬琏（2012）提出，产业分工不合理会引发空间结构恶化，降低城市运营效率。从本质上看，处理上述矛盾的实质在于"平衡"（张道刚，2011）。产城融合就是在产业与城市的功能融合与空间整合中寻找平衡的一种发展思路（李文彬、陈浩，2012），可及文献将其视为新型城镇化道路的题中应有之义（沈正平，2013），并从人本导向、产业支撑和功能匹配等方面梳理其核心特征（丛海彬等，2017）。

在厘清内涵与范畴的基础上，主流研究尝试从产业、资源、社会和环境等维度研究产城融合的影响因素（刘欣英，2016），并利用层次分析、因子分析、熵值法和耦合协调度等方法构建产城融合的量化指标（苏林等，2013；王霞等，2014；丛海彬等，2017）。随着研究深入，学者们以应用决策为导向，围绕不同地区或功能区的经验做法展开案例分析与实证检验，聚焦区域与企业创新（张建清等，2017；刘诗源等，2022；韦庄禹、武可栋，2023）、绿色发展（万伦来、左悦，2020；黄小勇、李怡，2020）、经济技术开发区转型（阳镇、许英杰，2017）等不同维度，对产城融合驱动经济发展的路径展开探索。

（二）数据要素的价值生成机理与公共数据流通价值的相关研究

聚焦数据要素价值生成机理的研究一般以经济学和管理学为视角展开（赵蔡晶，2024）。基于经济学视角的文献，将数据视为一种新兴生产要素（王超贤等，2022）。由于技术进步更偏向效率更高的生产要素（Basu and Weil，1998），数据成为推动创新发展的重要力量（徐翔、赵墨非，2020）。有学者通过构建理论模型，将数据纳入传统经济分析框架，系统研究数据要素的直接和间接价值（蔡继明等，2022；杨俊等，2022；Cong et al.，2021）。基于管理学视角的文献，一般将研究置于交易费用理论和委托代理理论等经典分析框架中，认为数据能够消除信息不对称带来的制度性成本（丁煌、马小成，2021），对简化组织构架（丁蕖，2020）、提升决策效率（Farboodi et al.，2019；Ruijer，2021）和强化内外监督（Safarov et al.，2017）等方面存在积极影响。

公共数据兼具治理和生产两种属性（李刚，2020），围绕要素"二重性"，较为丰富的文献针对公共数据的流通价值展开研究。从治理层面看，以案例分析、问卷调查、指标量化为方法，部分研究聚焦文化服务（王亚婷、张宇，2020）、教育（孙明阳、刘春艳，2022）、应急管理（朱晓峰等，2020；翁士洪等，2020）等细分领域展开经验总结；从经济层面看，以建立公共数据开放平台为研究契机，一些学者从提升资源配置效率（吴武清等，2024）、优化劳动力供给（胡金焱等，2024；刘达等，2024）、推动产业结构升级（赵放等，2024）、带动创新创业（陈艳利、蒋琪，2024；蔡运坤等，2024）等方面展开实证检验。

（三）文献述评

对产城融合的相关研究而言，主流文献普遍具有较强的实践指导价值，已有文献围绕其概念、特征与测度和以产城融合为路径的经济发展思路等话题展开了积极讨论。但截至目前，针对产城融合何以实现的路径研究始终较为缺乏。公共数据是赋能经济转型与社会发展的重要动力。立足数字时代背景，以公共数据流通为切入点，探讨数据驱动产城融合的具体实现路径，具有极强的现实意义与理论价值。对数据要素价值生产机理和公共数据流通价值的相关研究而言，尽管学者们已从经济学与管理学等不同视角展开研究，但可及文献尚未将其与产城融合放在同一分析框架。城市集中承载着生活、生产和社会治理等功能，聚焦产城融合这一目标对公共数据流通进行理论逻辑推演与实际效果检验，为系统融合多学科前期研究成果提供了契机。本文将公共数据流通对产业结构、要素配置与公共治理等不同维度的影响以城市为主体串联起来，为检验数据要素价值和公共数据流通价值的相关文献拓展了维度并积累了证据。

三、理论分析与假设提出

（一）"先产后城"视角下，公共数据流通以促进产业结构高级化为路径驱动产城融合

从本质上讲，产业结构高级化是一个创新的过程（林毅夫，2011）。由于技术进步对高效率要素具有偏向性（Basu and Weil，1998），随着数据这种高效率要素参与流通，利润与竞争压力将自发引起创新（林毅夫、张鹏飞，2006）。数据要素将对原有生产关系进行更新重组，按照新技术赋能旧产业、新技术生成新产业和新产业催生新模式为主要路径驱动创新（庞瑞芝、王青青，2023）。这个过程应注意的是：首先，由于数据要素与数字技术相互依存，上述路径驱动下的创新直接带动了技术、知识与信息密集型产业的发展；其次，在长尾效应的作用下，此类创新更易把握市场规律，促成供需对接，故"由生产转向服务"这一特征较为明显。产业结构高级化具有由第一产业占优向第二、第三产业占优、由劳动密集型占优向技术、知识密集型占优演进等特征（高远东等，2015），这恰恰与公共数据流通驱动的创新具有方向一致性。换言之，公共数据流通对产业结构高级化的影响是经由创新驱动实现的。

对产业结构高级化的创造效应而言，在主导产业向产业数字化与数字产业化更替的过程中，公共数据流通降低了产业链细化分工的交易成本（庞瑞芝、王青青，2023），提高了服务附加价值，有利于增加生产性和生活性服务业的中间投入需求并扩展就业空间。人口是城市存续与发展的基础，这些新岗位的扩充为产城融合提供了劳动力转移条件，尤其是生产性和生活性服务业具有极强的就业吸纳能力，有效拓展了区域内不同层级岗位的用人需求，为人口向城市聚集扩大吸引力（叶振宇，2013）。就产业结构高级化的破坏效应而言，尽管技术进步通过提高效率、缩短周期等方式引起部分失业，但公共数据流通使低技能劳动力发生结构性替代，提高了市场对劳动力素质的基础要求，企业通过提升劳动者收入来调整经营成本结构，有利于改

善区域长期收入分配。伴随可支配收入的增长，自然衍生出更可观的消费需求和更高的生活品质追求。Glaeser et al.（2001）认为，消费与服务是城市发展的关键因素之一。因而，基于"先产后城"这一实践路径，公共数据流通有效带动了产业结构高级化，遵循"消费—生产—消费"的循环发展逻辑（张建清等，2017），以消费生成对扩大再生产的需求为基础，为产城融合提供持续发展的内生动力。

（二）"先城后产"视角下，公共数据流通以提升要素配置效率为路径驱动产城融合

根据马歇尔的外部性原理，获得边界的信息与服务是经济发生空间聚集的重要原因。城市在本质上是一种由各类要素高度聚集而形成的外部经济（李贲、吴利华，2018）。随着各类生产要素及共享投入品在城市形成资源洼地，衍生出规模经济和范围经济，有效降低了区域内部的交易费用并扩大产品市场（Porter，1998）。因而，提升城市的要素配置效率成为实现外部经济最大化的关键问题。信息不对称引发的交易摩擦是降低要素配置效率的根本原因。由于数据在本质上是能够直接转化为改进决策与绩效的有用信息（McAfee et al.，2012），公共数据流通显著降低了外部的信息搜寻和处理成本，通过解析数据背后的逻辑关系与历史趋势，能够挖掘更多常识之外的因果联系，进而减少资源错配并促进资源流动。结合产城融合的视角来看，公共数据流通有利于引导政府、资本市场、企业和个人综合产业前景、城市规划和人口规律等信息做出客观评价，在保持产业规划与城市发展正确方向的基础上，使各类主体得到稳健的资源承诺与充分的资本支持。

同时，赋能其他要素以促进要素配置优化是公共数据流通驱动要素配置效率提升的另一路径。作为传统要素的"黏合剂"，数据价值释放形成于数据与其他要素的组合过程（李海舰、赵丽，2021）。例如，数据要素能够为技术要素提供前瞻性的研究边界与规律性的经验参考；数据要素与管理要素结合能够带动组织结构、营销模式和绩效评价等优化。换言之，数据要素可以赋能既有生产函数，强化要素之间的融合协作，以一体化的要素生产系统促进生产效率提升（李海舰、赵丽，2023）。对促进产城融合而言，无疑从供给端为要素配置效率注入一剂催化剂，从而强化了城市的外部性功能，扩大城市对其他要素资源的吸附力。

（三）"价值共创"视角下，公共数据流通以提高公共服务水平为路径为产城融合提供保障

随着公共数据流通对产业结构与要素配置的影响不断加深，以城市为中心的空间聚集显著强化，形成了支撑城市发展的内生动力。然而，伴随聚集

程度加深，逐渐暴露出生产与生活空间混杂、房价高企、"潮汐式"通勤、污染加剧等"城市病"问题。此时，如果片面强调生产性功能可能导致城市失去发展根基。由单一的生产空间向生产、服务、消费等多项功能兼具的城市综合体转换成为必然趋势。在产城深度融合阶段，应坚持人本主义的功能导向，通过基础设施建设和完善公共服务等措施，吸引并留住转移人口，促进聚集人口实现市民化（马野驰、祝滨滨，2015），否则可能出现更多诸如"汽车之城"底特律①由繁荣走向破产的失败案例。尤其是在中小型城市向大城市或超大城市演进的过程中，发展成了一把"双刃剑"，通过有效的公共服务来弥合经济收益与聚集成本之间的张力至关重要。公共数据流通破除了信息孤岛，为科学量化与准确预测治理问题提供了智慧底座。一方面，利用数据的衍生性形成数据孪生城市，结合不同的治理场域构建跨层级、跨空间、跨部门的治理平台，实现决策一体化；另一方面，提高对异质性社会形态的研判精度，推进政府决策向实际需求靠近。换言之，数据要素通过赋能公共服务水平为应对城市病问题提供预防及解决方案，在保障城市可持续地承载人口转移的基础上推动经济发展。

同时，公共数据流通将政府、市场、企业等不同主体作为"网点"经由数据这一"网线"串联起来（黄新华，2015），引导公共服务供给形式朝着"价值共创"转变（温雅婷等，2021）。作为一类生产要素而非制成品，直接由专业能力缺乏的政府对公共数据实现价值转化可能效果有限（胡业飞、孙华俊，2021）。价值共创是公共服务合作生产的新趋势，其核心内涵表现为多元主体参与、服务逻辑主导、合作生产及公共价值创造（王学军，2020）。其主要表现为，不同主体通过能力互嵌、资源互换和技术响应实现价值共生，以释放数据要素内在价值为目标，促进数字赋能公共服务的可持续创造（曹海军、熊志强，2024）。例如，政府通过购买服务或授权经营等方式开发政务服务软件；平台企业为追求市场利润自主研发与交通、教育、医疗等民生相关的应用程序；高校等科研机构组织公共数据创新竞赛，在培养高质量人才的同时推动社会技术进步。公共数据流通打破了政府对于公共服务生产过程的主导，构建起一个开放性的公共服务系统，以行政效率与经济效率的共同最大化为目标，串联起各个适合数字赋能的应用场景，推动数字城市与数字经济的协同发展，在提升城市公共服务能力的同时为产业发展挖掘新契机，为推动各类主体在实现公共利益与追求个体价值上实现均衡。

公共数据流通驱动产城融合的理论分析框架，如图 1 所示。

---

① 底特律是美国著名的"汽车之城"，在 20 世纪 50 年代，人口达 180 万人，曾跻身美国前五大城市之一。但由于产业结构单一，城市公共服务薄弱等原因引发"逆城市化"现象，最终在 2013 年 7 月宣告破产。

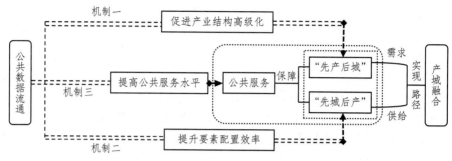

图 1　公共数据流通驱动产城融合的理论分析框架

综合上述理论分析，提出本文的研究假设：

H1：公共数据流通能够驱动产城融合。

H2a：公共数据流通以促进产业结构高级化为路径驱动产城融合。

H2b：公共数据流通以提升要素配置效率为路径驱动产城融合。

H2c：公共数据流通以提高公共服务水平为路径驱动产城融合。

四、实证研究设计

（一）数据来源

本文利用 2010～2021 年 263 个地级市的非平衡面板数据进行实证检验。各地级市的公共数据流通情况，即公共数据开放平台建立情况参考复旦大学数字与移动治理实验室公布的《中国地方政府数据开放报告》进行基础整理，同时通过百度、新浪等网站及相关媒体报道予以溯源验证。其他数据主要来自《中国统计年鉴》《中国财政年鉴》等材料，缺失值使用线性插值法予以补充。为避免异常值影响，所有连续变量均进行了 1% 水平上的缩尾处理。最终，本文得到 3006 个城市的年度观测值。

（二）模型设计

开放公共数据是公共数据流通的一种重要形式（刘达等，2024）。参考方锦程等（2023），本文以各地级市建立公共数据开放平台为契机构建双重差分模型，实证检验公共数据流通与产城融合水平的关系、作用机制与影响因素。具体模型设置如下：

$$\text{Integration}_{it} = \beta_0 + \beta_1 \text{Treat}_i \times \text{Post}_t + \sum \beta_i \text{Controls}_{it} + \delta_i + \theta_t + \varepsilon_{it}$$

$$(1)$$

$$\text{Mechanism}_{it} = \beta_0 + \beta_1 \text{Treat}_i \times \text{Post}_t + \sum \beta_i \text{Controls}_{it} + \delta_i + \theta_t + \varepsilon_{it}$$

$$(2)$$

$$\begin{aligned} \text{Integration}_{it} = {} & \beta_0 + \beta_1 \text{Treat}_i \times \text{Post}_t + \beta_2 \text{Mechanism}_{it} \\ & + \sum \beta_i \text{Controls}_{it} + \delta_i + \theta_t + \varepsilon_{it} \end{aligned} \tag{3}$$

Integration_{it} 表示 i 市在第 t 年的产城融合度。Mechanism_{it} 表示机制变量，具体检验时分别代入全要素生产率（TFP）、就业结构升级（Employment）和公共服务水平（Service）这三个变量。$\text{Treat}_i \times \text{Post}_t$ 是多期双重差分模型的政策效应观测项。其中，Treat_i 代表政策分组，如果某市已经建立了公共数据开放平台，则取 1 纳入实验组；未建立公共数据开放平台，则取 0 纳入对照组。Post_t 代表试点时间，当观测项处于建立公共数据开放平台当年及之后的年份取 1，反之则取 0。$\sum \text{Controls}_{it}$ 表示控制变量合集，δ_i 为城市固定效应，θ_t 为年份固定效应，ε_{it} 为随机扰动项。该模型还在城市层面对标准误进行了聚类修正。式（1）用于检验假设 H_1，如果 β_1 显著为正则说明假设 H_1 成立。式（2）、式（3）与式（1）共同检验作用机制。根据温忠麟、叶宝娟（2014）研究，在假设 H_1 成立的前提下，如果式（2）中的 β_1 显著且式（3）中的 β_1 和 β_2 均显著，则说明部分中介效应成立。

（三）变量定义与描述性统计

1. 被解释变量

产城融合度（Integration）参考丛海彬等（2017）做法，围绕人本导向、产业支撑和功能匹配三个方面构建产城融合评价指标体系。随后，利用耦合协调度修正模型计算得出产城融合协调度（王淑佳等，2021）。Integration 的值分布于 [0，1]，该值越大代表城市的产城融合度越高。

2. 解释变量

目前，中国尚未建立全国统一的公共数据开放平台。各地级市自 2016 年陆续建立地方公共数据开放平台，具体情况详见表 1。借鉴方锦程等（2023）做法，本文设置 Treat 和 Post 分别代表试点城市及试点时间，取其交乘项作为本文的核心解释变量，即公共数据流通。

表 1　　　　　　　各地级市公共数据开放平台上线概况（节选）

年份	地级市
2016	安顺、毕节、潮州、东莞、佛山、广州、贵阳、河源、惠州、江门、梅州、清远、汕头等地
2018	安康、安阳、宝鸡、滨州、德州、东营、抚州、吉安、济南、济宁、焦作、景德镇、南阳等地
2019	巴中、常州、成都、达州、儋州、德阳、福州、广安、广元、哈密、海东、乐山、连云港等地

续表

年份	地级市
2020	武汉、黄石、十堰、宜昌、襄阳、鄂州、荆门、孝感、荆州、黄冈、咸宁、随州等地
2021	石家庄、唐山、秦皇岛、邯郸、邢台、保定、张家口、承德、沧州、廊坊、衡水、合肥等地

3. 控制变量

产城融合受产业、资源、社会和环境等诸多维度影响（刘欣英，2016）。鉴于此，式（1）至式（3）增加了如下控制变量：产业结构（Structure）、公共基础设施（Infrastructure）、交通运输服务（Transporation）、医疗水平（Medical）、信息化程度（Informatization）、教育水平（Education）和工资水平（Salary），具体计算方式如表 2 所示。

表 2 变量定义

变量类型	变量符号	变量名称	变量定义
被解释变量	Integration	产城融合度	参考丛海彬等（2017）做法，首先利用熵值法构建产城融合指标体系，其次借鉴耦合协调度原理计算产城协调度
解释变量	Treat	试点地区	虚拟变量，如果某地级市建立了公共数据开放平台，则纳入实验组取 1；未建立公共数据开放平台，则纳入对照组取 0
	Post	试点时间	虚拟变量，当观测项处于建立公共数据开放平台之后的年份则取 1，反之则取 0
	Treat × Post	公共数据流通	虚拟变量，取 Treat 与 Post 的交乘
控制变量	Structure	产业结构	第三产业增加值（万元）/第二产业增加值（万元）
	Infrastructure	公共基础设施	人均道路面积（平方米/人）
	Transportation	交通运输服务	每万人拥有的公共汽车数量（辆/万人）
	Medical	医疗水平	每万人拥有的病床数（个/万人）
	Informatization	信息化程度	人均移动电话数量（台/人）
	Education	教育水平	普通中学专任教师人数（人）的自然对数
	Salary	工资水平	职工平均工资的自然对数
机制变量	Employment	就业结构升级	第三产业从业人数的自然对数
	TFP	全要素生产率	参考程惠芳、陆嘉俊（2014）做法，利用 DEA – Malmquist 指数法计算城市全要素生产率
	Service	公共服务水平	参考黄寿峰、赵岩（2023）的做法，构建包含文化教育、医疗卫生、社会保障与就业、环境保护及公共交通 5 大类的基本公共服务水平综合指数

4. 机制变量

对机制一而言，产业结构升级创造出新的就业岗位，从而促进就业结构变化。数字经济在我国呈现出"三二一"产业逆向渗透趋势，以生活性服务和生产性服务为代表的行业不断升级并向产业上游传导，形成了数字经济的流量入口（刘淑春，2019）。鉴于此，本文利用就业结构升级（Employment）作为产业结构高级化的代理变量，具体通过第三产业从业人数的自然对数进行度量。对机制二而言，全要素生产率是指在要素投入水平既定的情况下所能达到的超额生产效率，它是资源配置效率的重要表现（龚六堂、林东杰，2020）。因此，本文利用全要素生产率（TFP）作为要素配置效率的代理变量，利用 DEA – Malmquist 指数法计算城市全要素生产率。对于机制三而言，本文参考黄寿峰、赵岩（2023）做法，利用熵值法构建包含文化教育、医疗卫生、社会保障与就业、环境保护及公共交通 5 大类的基本公共服务水平综合指数（Service）。

5. 描述性统计分析

表 3 列示了本文主要变量的描述性统计结果。由表 3 可知，样本城市中产城融合度（Integration）的均值为 0.210，标准差为 0.058，最小值为 0.115，最大值为 0.427，说明城市之间的产城融合度存在一定差异。试点地区变量（Treat）的均值为 0.739，表明样本中接近 3/4 的城市在 2021 年之前陆续建立了市级公共数据开放平台，而公共数据流通（Treat × Post）即本文的政策效应观测变量的均值为 0.185，远远小于试点地区变量的均值，表明大多数城市的公共数据开放平台的实施时间仍相对较短。其他变量与类似研究基本一致，不再赘述。

表 3　　描述性统计分析

变量名称	样本数量	平均值	标准差	最小值	1/4 分位数	中位数	3/4 分位数	最大值
Integration	3006	0.210	0.058	0.115	0.170	0.201	0.239	0.427
Treat × Post	3006	0.185	0.388	0.000	0.000	0.000	0.000	1.000
Structure	3006	1.220	0.553	0.327	0.846	1.128	1.470	3.346
Infrastructure	3006	17.820	7.221	4.670	12.508	16.355	22.489	39.820
Transportation	3006	6.408	12.732	0.146	0.934	2.022	4.596	75.027
Medical	3006	0.005	0.002	0.002	0.003	0.004	0.005	0.010
Informatization	3006	1.032	0.569	0.328	0.700	0.882	1.153	3.821
Education	3006	9.576	0.632	7.737	9.207	9.625	10.030	10.745
Salary	3006	10.890	0.372	10.071	10.616	10.900	11.177	11.659
TFP	3006	1.932	0.527	1.004	1.574	1.819	2.183	3.851

续表

变量名称	样本数量	平均值	标准差	最小值	1/4 分位数	中位数	3/4 分位数	最大值
Employment	3006	2.969	0.723	1.341	2.487	2.940	3.350	5.021
Service	3006	0.130	0.0760	0.0480	0.0780	0.103	0.149	0.403

邹德玲、丛海彬（2019）将产城融合协调度分为严重失调、轻度失调、发展调和、初级融合协调和高级融合协调 5 个阶段。根据变量 Integration 的计算结果，以该分类情况为评判标准，我国各地级市的产城融合度普遍有限，轻度失调型城市平均占比为 54.98%，截至 2021 年尚未有城市达到初级融合协调度与高级融合协调度。从时间维度来看，我国各地级市的产城融合水平正逐渐发生结构性调整。由图 2 可知，发展调和型城市占比逐年增加，由 2010 年的 1.55% 上升至 2021 年的 16.79%，平均增幅为 35.78%。尽管严重失调型和轻度失调型城市占比有所波动，但平均变化幅度分别为 −7.26% 和 −8.19%，表明各地的产城融合度普遍向好，产城融合失调型城市占比总体呈下降趋势。从空间维度看，东部地区产城融合度相较中部、西部地区更高，早期的发展调和型城市全部集中在东部地区，中部、西部地区属于严重失调型的城市明显多于东部地区（见图 3）。综上所述，当前我国各地级市已基本形成产城融合意识，融合水平正处于由成长阶段向成熟阶段迈进的转换过程。尽管总体呈改善趋势，但融合程度不深、地区间差异较大等客观问题仍需直面。鉴于此，深入研究影响产城融合度的核心因素并探索驱动产城深度融合的可行路径具有重要现实意义。

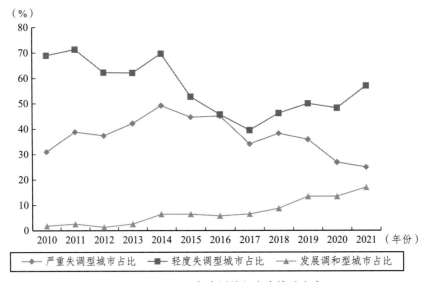

图 2   2010～2021 年我国地级市产城融合度

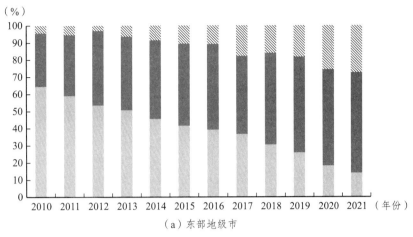

（a）东部地级市

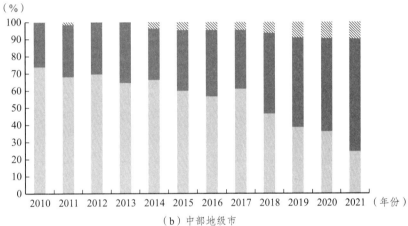

（b）中部地级市

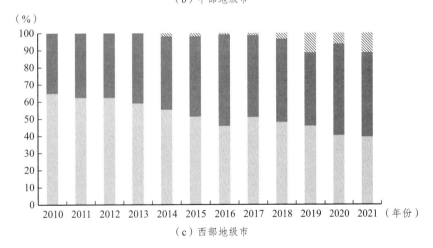

（c）西部地级市

▨ 严重失调型　　■ 轻度失调型　　▧ 发展调和型

图 3　我国东部、中部、西部地区产城融合度

五、实证结果与分析

（一）基础回归结果

表 4 列示了公共数据流通与产城融合度关系的基准回归结果，列（2）为在列（1）的基础上增加控制变量的结果。由列（1）至列（2）可知，Treat×Post 的系数在 1% 的水平上显著，表明实现公共数据流通后，城市的产城融合度得到显著提升。从经济显著性上看，以列（2）为例，相当于实施公共数据流通之后，城市的产城融合度平均上升了 4.29%（0.009/0.21）。

表 4　　　　　　　　　　　基础回归结果

变 量	Integration	Integration
	（1）	（2）
Treat × Post	0.010 *** (3.72)	0.009 *** (3.84)
Structure		0.013 *** (5.48)
Infrastructure		− 0.000 (− 0.51)
Transportation		− 0.001 ** (− 2.53)
Medical		8.700 *** (4.49)
Informatization		− 0.001 (− 0.22)
Education		0.015 ** (2.38)
Salary		0.005 (0.70)
Constant	0.180 *** (146.15)	− 0.059 (− 0.63)
城市固定效应	Yes	Yes

续表

变量	Integration (1)	Integration (2)
年份固定效应	Yes	Yes
样本数	3006	3006
调整 R^2	0.604	0.651

注:括号内为 t 值,***、** 分别表示在 1%、5% 的水平上显著。回归系数的标准误在城市层面进行了 cluster 调整。

(二) 机制检验回归结果

假设 H_{2a}、假设 H_{2b} 和假设 H_{2c} 是公共数据流通对产城融合度的作用机制假设。机制一的检验结果详见表 5 列 (1) 至列 (2)。列 (1) 中 Treat × Post 的回归系数显著为正,且列 (2) 的 Treat × Post 和 Employment 的系数也均显著为正,表明公共数据流通以促进产业结构高级化为路径驱动产城融合。机制二的检验结果详见表 5 列 (3) 至列 (4)。列 (3) 中 Treat × Post 的回归系数显著为正,且列 (4) 中 Treat × Post 和 TFP 的回归系数也均显著为正,表明公共数据流通以提升要素配置效率为路径驱动产城融合。机制三的检验结果详见表 5 列 (5) 至列 (6)。列 (5) 中,Treat × Post 的回归系数显著为正,且列 (6) 中 Treat × Post 和 Service 的回归系数也均显著为正,说明公共数据流通以提高公共服务水平为路径驱动产城融合。

表 5   机制检验结果

变量	Employment (1)	Integration (2)	TFP (3)	Integration (4)	Service (5)	Integration (6)
Treat × Post	0.042 *** (2.91)	0.009 *** (3.68)	0.066 ** (2.02)	0.008 *** (3.59)	0.003 * (1.87)	0.008 *** (3.75)
Enployment		0.012 ** (2.47)				
TFP				0.010 *** (3.66)		
Service						0.317 *** (4.07)
Structure	0.061 ** (2.51)	0.012 *** (5.19)	0.315 *** (8.28)	0.009 *** (3.79)	0.002 (0.86)	0.012 *** (5.68)

续表

变量	Employment	Integration	TFP	Integration	Service	Integration
	（1）	（2）	（3）	（4）	（5）	（6）
Infrastructure	-0.001 （-0.42）	-0.000 （-0.46）	0.001 （0.50）	-0.000 （-0.60）	0.000 *** （2.61）	-0.000 （-1.19）
Transportation	0.001 （0.38）	-0.001 *** （-2.62）	-0.008 * （-1.96）	-0.001 ** （-2.17）	0.002 *** （7.83）	-0.001 *** （-4.62）
Medical	12.053 （1.28）	8.561 *** （4.49）	31.063 * （1.91）	8.387 *** （4.39）	9.173 *** （5.16）	5.792 *** （3.78）
Informatization	-0.011 （-0.32）	-0.001 （-0.20）	0.007 （0.14）	-0.001 （-0.23）	0.015 ** （2.09）	-0.006 （-1.14）
Education	0.220 *** （3.40）	0.013 ** （2.07）	0.214 *** （2.61）	0.013 ** （2.06）	0.008 （0.97）	0.013 ** （2.35）
Salary	0.018 （0.19）	0.005 （0.69）	0.612 *** （5.02）	-0.001 （-0.18）	-0.013 * （-1.88）	0.009 （1.40）
Constant	0.357 （0.40）	-0.063 （-0.68）	-7.322 *** （-4.97）	0.015 （0.16）	0.130 （1.22）	-0.100 （-1.19）
城市固定效应	Yes	Yes	Yes	Yes	Yes	Yes
年份固定效应	Yes	Yes	Yes	Yes	Yes	Yes
样本数	3006	3006	3006	3006	3006	3006
调整 R^2	0.487	0.654	0.430	0.658	0.675	0.675

注：括号内为 t 值，***、**、* 分别表示在 1%、5%、10% 的水平上显著。回归系数的标准误在城市层面进行了 cluster 调整。

（三）稳健性检验结果

1. 平行趋势假设检验

多期双重差分法的前提假设之一是实验组和控制组在事前保持相同趋势。参考 Beck et al.（2010）做法，建立式（4）。本文将实验组处于政策实施前，即纳入实验组的城市建立公共数据开放平台前第 n 年时，Pre^n 取 1；将纳入实验组的城市建立公共数据开放平台后第 m 年时，$Post^m$ 取 1；将纳入实验组的城市建立公共数据开放平台当年时，Current 取 1；其余样本全部取 0。n 取值为 1~10，m 取值为 1~5，将政策实施前第 10 期视为基期。回归结果详见表 6，由表可知，政策实施前的各期均不显著，与平行趋势假设一致。图 4 为动态效应图。

$$\text{Integration}_{it} = \alpha_0 + \alpha_1 \text{Pre}_{it}^n + \alpha_2 \text{Current}_{it} + \alpha_3 \text{Post}_{it}^m + \sum \text{Controls}_{it} + \delta_i + \theta_t + \varepsilon_{it}$$

$$(4)$$

表 6 　　　　　　　　　　　　　　　　　平行趋势假设检验

变量	Integration
Pre9	−0.004 (−1.58)
Pre8	−0.003 (−1.21)
Pre7	−0.003 (−1.01)
Pre6	−0.005 (−1.24)
Pre5	−0.004 (−1.06)
Pre4	−0.002 (−0.54)
Pre3	−0.001 (−0.15)
Pre2	0.003 (0.57)
Pre1	0.006 (1.22)
Current	0.009 * (1.79)
Post1	0.011 ** (2.17)
Post2	0.012 ** (2.23)
Post3	0.013 ** (2.09)

续表

变　量	Integration
Post4	0.019 ** (2.15)
Post5	0.015 (1.58)
Constant	−0.007 (−0.08)
控制变量	Yes
城市固定效应	Yes
年份固定效应	Yes
样本数	3006
调整 R²	0.656

注：括号内为 t 值，** 、* 分别表示在 5%、10% 的水平上显著。回归系数的标准误在城市层面进行了 cluster 调整。

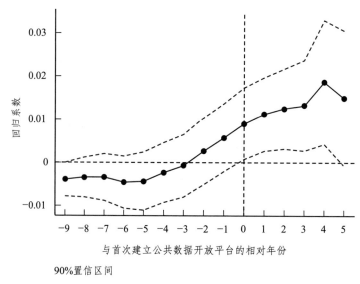

90%置信区间

图 4　平行趋势假设检验

2. 异质性处理效应偏误讨论

Goodman－Bacon（2021）提出，多期双重差分法的处理效应估计可能有偏，相关研究设计必须满足处理效应的同质性假设：其一，处理效应在不同的组别间是同质的；其二，处理效应在时间维度上是同质的，即对于同一时间受到政策处理的所有个体，随着时间的推移处理效应的大小不变。鉴于较早接受冲击的实验组会作为较晚接受冲击的控制组，如果处理效应随时间而变化，可能会导致负权重问题，处理效应就会产生偏差。图 5 为 Goodman – Bacon 分解的结果，由图 5 可知，以"较晚接受冲击的观测"为实验组并以"较早接受冲击的观测"为控制组的权重占比较低，不会对估计结果造成严重偏差。此外，本文采用 De Chaisemartin and D'Haultfoeuille（2020）分解进行诊断，结果显示，在所有的 555 个权重中，532 个权重为正，23 个权重为负，负权重占比为 4.14%；正权重之和为 1.0056，负权重之和为 – 0.0056，由此，可在一定程度上排除异质性效应对本文研究结果的实质性影响。

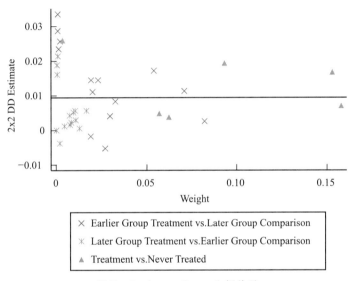

图 5　Goodman – Bacon 分解结果

3. 安慰剂检验

首先，随机设置实验组进行安慰剂测试。这个过程进行了 1000 次，结果如图 6 所示。图 6 的竖虚线表示本文基准回归 Treat × Post 的回归系数，由图 6 可知，1000 次随机过程的回归系数绝大多数分布在 0 附近，且位于竖虚线左侧；大部分回归系数的 p 值大于 0.1，可在一定程度上排除其他不可观测因素的影响。其次，随机设置政策时间进行安慰剂测试。将政策试点随机提前，如果某城市在 t 年建立了公共数据开放平台，则从 2010 年至 t – 1 年的时间范围内随机抽取 1 年作为新的政策冲击时间点，据此利用新的样本冲击估计基准模型，这个过程同样重复了 1000 次，结果如图 7 所示。图 7 的竖虚线表示本文基准回归 Treat × Post 的回归系数，由图 7 可知，回归系数基本满足正态分布，均值显著小于基准回归系数，且大部分 p 值大于 0.1，说明本文的结果是由其他事件所推动的概率较小。

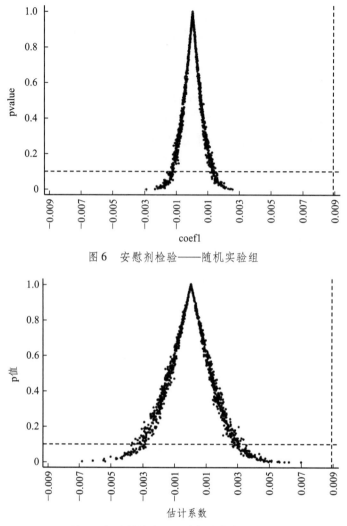

图 6　安慰剂检验——随机实验组

图 7　安慰剂检验——随机政策实施时间

4. 倾向性得分匹配法

公共数据开放平台的试点城市可能存在自选择问题，比如上级政策制定者可能会选择经济发达地区优先试点公共数据开放平台。为降低自选择问题对本文结果的影响，使用逐年 PSM + DID 的方法检验公共数据开放平台对产城融合度的影响。以所有控制变量作为协变量进行 1∶1 的最近邻匹配法，得到 1069 个匹配后的样本①。表 7 列（1）为匹配后的样本对基准回归重新

---

① 为了检验匹配的有效性，本文使用倾向得分匹配法后的样本重新估计 logit 模型进行平衡性检验。通过对比各年度的试点地区变量（Treat）对所有协变量的 logit 模型在 PSM 之后与之前的回归结果发现，相较于 PSM 之前，PSM 之后绝大多数协变量系数变小，且所有协变量变得不再显著，表明 PSM 过程在一定程度上消除了实验组与控制组之间可观测的特征差异。

进行检验的结果，Treat × Post 仍在 5% 的水平上显著为正，结果依然保持一致。

表 7　　　　　　　　　　　　　稳健性检验结果

变量	Integration	Integration2	Integration	Integration
	（1）	（2）	（3）	（4）
	倾向性得分匹配法	替换变量	排除同期政策干扰 1	排除同期政策干扰 2
Treat × Post	0. 011 ** （2. 444）	0. 008 *** （3. 76）	0. 009 *** （3. 84）	0. 009 *** （4. 00）
Smart			− 0. 001 （ − 0. 26）	
Bigdata				− 0. 002 （ − 0. 57）
Constant	− 0. 040 （ − 0. 360）	0. 005 （0. 06）	− 0. 058 （ − 0. 61）	− 0. 054 （ − 0. 56）
控制变量	Yes	Yes	Yes	Yes
城市固定效应	Yes	Yes	Yes	Yes
年份固定效应	Yes	Yes	Yes	Yes
样本数	1069	3006	3006	3006
调整 R^2	0. 607	0. 744	0. 651	0. 652

注：括号内为 t 值，***、** 分别表示在 1%、5% 的水平上显著。回归系数的标准误在城市层面进行了 cluster 调整。

5. 替换被解释变量

本文进一步采用未修正的耦合度计算模型计算产城融合度，作为新的被解释变量（Integration2）对式（1）进行重新回归，回归结果见表 7 列（2），Integration2 的回归系数依然在 1% 的水平上显著，结果稳健。

6. 排除同期其他政策干扰

我国于 2012 年颁布了《国家智慧城市试点暂行管理办法》，该办法对优化数字经济发展环境奠定了制度基础，对产城融合可能存在促进作用。为排除该事件对结果的干扰，本文设置虚拟变量 Smart 代表智慧城市试点情况，在式（1）中加以控制后重新进行回归，回归结果见表 7 列（3）。此外，建立公共数据开放平台与建设国家级大数据综合试验区均是《促进大数据发展行动纲要》的具体措施。为排除这一同期政策的干扰，本文设置虚拟变量

Bigdata 代表大数据综合试验区的试点情况，在式（1）中加以控制后重新回归，回归结果见表 7 列（4）。两组回归的 Treat × Post 的回归系数均在 1% 的水平上显著为正，结果稳健。

六、基于城市规模的异质性分析

城市规模是影响公共数据流通与产城融合关系的重要变量。其原因在于：首先，数据具有衍生性，数据获取通常是主体活动踪迹得以提取并使用的结果（Veldkamp，2005）。因而，在规模效应的影响下，大城市的数据要素本身的聚集程度更高。江小涓、靳景（2022）认为，数据要素赋能具有规模经济、范围经济和长尾效应等特征。城市规模越大，生成并得以流通的数据要素规模与种类就越多。此时，累积形成的因果关系相对复杂，因数据孪生链接的场景化功能更加具体。对产业发展与城市治理而言，可供用于不同主体决策参考的内容更多，尚待开发的功能场景、商业价值与治理手段越强。其次，大城市人口多、事项繁、功能密，其本身面临的市场竞争更激烈且社会治理难度更高。因而，公共数据流通对产业结构、要素配置与公共服务的提升作用理应更明显。换言之，对规模较大的城市而言，数据要素对产业化与城市化协同发展的黏合度更高，公共数据流通对产城融合的促进作用更显著。

按照 2014 年《国务院关于调整城市规模划分标准的通知》，本文设置虚拟变量城市规模变量（Size），当城市规模为小城市和中等城市时，取值为 0；当城市规模为大城市、特大城市和超大城市时，取值为 1。设置 Size 和 Treat × Post 的交乘项，与变量 Size 一起加入式（1）。回归结果详见表 8。由表 8 可知，Treat × Post × Size 的回归系数显著为正，表明城市规模越大，公共数据流通对产城融合的促进作用越强。

表 8　　　　　　　　　　　　　异质性检验结果

变量	Integration
Treat × Post	0.006 ** (2.44)
Size	− 0.009 ** (− 2.50)
Treat × Post × Size	0.011 *** (2.66)
Constant	− 0.057 (− 0.63)

续表

变量	Integration
控制变量	Yes
城市固定效应	Yes
年份固定效应	Yes
样本数	3006
调整 R^2	0.657

注：括号内为 t 值，***、** 分别表示在 1%、5% 的水平上显著。回归系数的标准误在城市层面进行了 cluster 调整。

七、结论与研究启示

本文对公共数据流通与产城融合的关系进行了理论分析与实证检验。由理论分析可知，城市发展是兼顾生产性因素与治理性因素的系统性结果，而数据要素统筹起数字经济与数字城市的发展目标。从生产端看，公共数据流通以促进产业结构高级化和提高要素资源配置效率为路径，从供需两侧生成形塑城市发展的内生动力。一方面，以技术创新为主导，利用产业结构升级对劳动力产生创造与破坏效应，带动区域就业岗位与消费需求扩张；另一方面，发挥数据的信息载体属性，在缓解交易摩擦和减少资源错配的同时，升级既有生产函数，调节要素转化关系并强化城市的外部性功能。从治理端看，公共数据流通以提升公共服务水平为路径提高政府决策能力，引导多元主体参与公共服务供给促进价值共创，弥合经济收益与聚集成本的潜在张力提供存续保障。为证实上述理论分析，本文以各地级市建立公共数据开放平台为公共数据流通的研究场景，构建多期双重差分模型。相关实证结果回应了前期理论分析并证实了公共数据流通对产城融合具有促进作用。政策启示包括：

首先，继续深化公共数据流通是经济社会实现数字化转型的必然趋势。在夯实数据确权、分配、安全保障等制度安排的基础上，应以释放要素价值红利为导向，以政府、市场、企业和个人等多元主体互利共赢为目标鼓励数据创新。鉴于本文针对城市规模表现出的异质性结论，建议发挥北京、上海、重庆等超大城市的场景与市场优势，以应用为牵引打造契合数字城市服务生态的典型样本。加强关键数字要素和数字技术在城市场景内的集成应用，科学统筹市场经济与政府治理的利益契合点，开辟生产空间、生活空间和治理空间的数字化融合场景，推动上门经济、智慧餐饮、数字家庭等新场景建设，打造城市数字消费新地标。

其次，加快构建促进数字经济发展的体制机制，培育驱动产城融合的新质生产力。城市是经济发展的中心，应坚持因地制宜的发展思路，结合城市本身的产业基础、区位条件、既有禀赋等特征，促进产业基础高级化和产业链现代化，培育城市发展的内在新动能。一方面，以公共数据流通赋能传统优势产业转型升级，尤其应重视生产性和生活性服务业的数字化转型；另一方面，培育壮大战略性新兴产业、未来产业等新质生产力，打造具有竞争力的数字产业集群。与此同时，以数据融通为契机破除经济循环中的信息壁垒与制度障碍，推动市场公平竞争并提高要素配置效率，构建现代化的市场体系。

最后，以实现整体智治为目标提升城市公共服务能力。其一，汇聚数据流量打造"城市大脑"，将警卫、交通、环卫等城市运行子系统串联起来，推动城市运行和治理智能中枢由条块分割向系统整合转变，探索预判性、动态性的城市治理模式。其二，建立统一的人口数据库，及时更新人、房、地、事、物等电子地图，利用大数据分析赋能城市空间、人口及居住规划，提高保障性住房匹配效率，实现城中村"精准治理"。其三，加快城市"数字更新"进度，推动医疗、就业、养老、住房等领域的"公共数据 + 公共服务"创新，促进商圈、社区等城市微单位基础设施与公共服务的数字化改造与智能化升级，提高公共服务覆盖面和普惠力度。

参 考 文 献

[1] 蔡继明、刘媛、高宏、陈臣：《数据要素参与价值创造的途径——基于广义价值论的一般均衡分析》，载《管理世界》2022 年第 7 期。
[2] 蔡运坤、周京奎、袁旺平：《数据要素共享与城市创业活力——来自公共数据开放的经验证据》，载《数量经济技术经济研究》2024 年第 6 期。
[3] 曹海军、熊志强：《价值共创：社会治理中数字赋能的实现机制》，载《治理研究》2024 年第 1 期。
[4] 陈艳利、蒋琪：《数据生产要素视角下开放公共数据与企业创新——基于建立公共数据开放平台的准自然实验》，载《经济管理》2024 年第 1 期。
[5] 程惠芳、陆嘉俊：《知识资本对工业企业全要素生产率影响的实证分析》，载《经济研究》2014 年第 5 期。
[6] 丛海彬、段巍、吴福象：《新型城镇化中的产城融合及其福利效应》，载《中国工业经济》2017 年第 11 期。
[7] 丁煌、马小成：《数据要素驱动数字经济发展的治理逻辑与创新进路——以贵州省大数据综合试验区建设为例》，载《理论与改革》2021 年第 6 期。
[8] 丁翼：《科层制政府的数字化转型与科层制危机的纾解》，载《南京大学学报（哲学·人文科学·社会科学）》2020 年第 6 期。
[9] 方锦程、刘颖、高昊宇等：《公共数据开放能否促进区域协调发展？——来自政府数据平台上线的准自然实验》，载《管理世界》2023 年第 9 期。
[10] 高远东、张卫国、阳琴：《中国产业结构高级化的影响因素研究》，载《经济地理》2015 年第 6 期。
[11] 龚六堂、林东杰：《资源配置效率与经济高质量发展》，载《北京大学学报（哲学社会科学版）》2020 年第 6 期。

[12] 胡金焱、于露、刘茵伟:《数据要素资源与企业劳动雇佣——基于公共数据开放的
准自然实验》,载《济南大学学报(社会科学版)》2024 年第 4 期。

[13] 胡业飞、孙华俊:《政府信息公开与数据开放的关联及治理逻辑辨析——基于"政
府—市场—社会"关系变迁视角》,载《中国行政管理》2021 年第 2 期。

[14] 黄寿峰、赵岩:《政府信息化能否促进城乡基本公共服务均等化——来自信息惠民
国家试点政策的证据》,载《吉林大学社会科学学报》2023 年第 6 期。

[15] 黄小勇、李怡:《产城融合对大中城市绿色创新效率的影响研究》,载《江西社会
科学》2020 年第 8 期。

[16] 黄新华:《整合与创新:大数据时代的政府治理变革》,载《中共福建省委党校学
报》2015 年第 6 期。

[17] 江小涓、靳景:《数字技术提升经济效率:服务分工、产业协同和数实孪生》,载
《管理世界》2022 年第 12 期。

[18] 李贲、吴利华:《开发区设立与企业成长:异质性与机制研究》,载《中国工业经
济》2018 年第 4 期。

[19] 李刚:《政府数据市场化配置的边界:政府数据的"生产要素"和"治理要素"二
重性》,载《图书与情报》2020 年第 3 期。

[20] 李海舰、赵丽:《数据成为生产要素:特征、机制与价值形态演进》,载《上海经
济研究》2021 年第 8 期。

[21] 李海舰、赵丽:《数据价值理论研究》,载《财贸经济》2023 年第 6 期。

[22] 李文彬、陈浩:《产城融合内涵解析与规划建议》,载《城市规划学刊》2012 年第
S1 期。

[23] 林毅夫:《新结构经济学——重构发展经济学的框架》,载《经济学(季刊)》2011
年第 1 期。

[24] 林毅夫、张鹏飞:《适宜技术、技术选择和发展中国家的经济增长》,载《经济学
(季刊)》2006 年第 3 期。

[25] 刘达、王晓丹、石玉堂、王淑瑶:《公共数据开放的稳定就业效应——来自政府数
据平台开通的经验证据》,载《软科学》2024 年第 9 期。

[26] 刘诗源、向海凌、吴非:《产城融合能促进区域创新吗?——来自中国 285 个地级
市的经验证据》,载《科研管理》2022 年第 7 期。

[27] 刘淑春:《中国数字经济高质量发展的靶向路径与政策供给》,载《经济学家》
2019 年第 6 期。

[28] 刘欣英:《产城融合的影响因素及作用机制》,载《经济问题》2016 年第 8 期。

[29] 马野驰、祝滨滨:《产城融合发展存在的问题与对策研究》,载 2015 年《经济纵
横》第 5 期。

[30] 庞瑞芝、汪青青:《数字化如何缓解服务业结构升级滞后?——基于产业内渗透与
产业关联视角》,载《产业经济研究》2023 年第 6 期。

[31] 沈正平:《优化产业结构与提升城镇化质量的互动机制及实现途径》,载《城市发
展研究》2013 年第 5 期。

[32] 苏林、郭兵、李雪:《高新园区产城融合的模糊层次综合评价研究——以上海张江
高新园区为例》,载《工业技术经济》2013 年第 7 期。

[33] 孙明阳、刘春艳:《我国教育数据开放现状、问题与对策研究——以 15 个地方政府

数据开放平台教育数据为例》，载《图书馆学研究》2022 年第 8 期。

[34] 万伦来、左悦：《产城融合对区域碳排放的影响——基于经济转型升级的中介作用》，载《安徽大学学报（哲学社会科学版）》2020 年第 5 期。

[35] 汪大海、周昕皓、韩天慧、曾雪寒：《新型城镇化进程中产业支撑问题思考》，载《宏观经济管理》2013 年第 8 期。

[36] 王超贤、张伟东、颜蒙：《数据越多越好吗——对数据要素报酬性质的跨学科分析》，载《中国工业经济》2022 年第 7 期。

[37] 王淑佳、孔伟、任亮等：《国内耦合协调度模型的误区及修正》，载《自然资源学报》2021 年第 3 期。

[38] 王霞、王岩红、苏林等：《国家高新区产城融合度指标体系的构建及评价——基于因子分析及熵值法》，载《科学学与科学技术管理》2014 年第 7 期。

[39] 王学军：《价值共创：公共服务合作生产的新趋势》，载《上海行政学院学报》2020 年第 1 期。

[40] 王亚婷、张宇：《数据开放视域下政府公共文化服务的流程再造与治理创新》，载《图书馆学研究》2020 年第 11 期。

[41] 韦庄禹、武可栋：《产城融合、交易成本与企业创新》，载《调研世界》2023 年第 7 期。

[42] 温雅婷、余江、洪志生、陈凤：《数字化转型背景下公共服务创新路径研究——基于多中心—协同治理视角》，载《科学学与科学技术管理》2021 年第 3 期。

[43] 温忠麟、叶宝娟：《中介效应分析：方法和模型发展》，载《心理科学进展》2014 年第 5 期。

[44] 翁士洪、林晨晖、早克然·库地热提：《突发事件政府数据开放质量评估研究：新冠病毒疫情的全国样本实证分析》，载《电子政务》2020 年第 5 期。

[45] 吴敬琏：《我国城市化面临的效率问题和政策选择》，载《新金融》2012 年第 11 期。

[46] 吴武清、李祁恒、章柳漪、赵越：《公共数据资源与企业全要素生产率——基于地方政府数据开放的准自然实验》，载《系统工程理论与实践》2024 年第 6 期。

[47] 徐翔、赵墨非：《数据资本与经济增长路径》，载《经济研究》2020 年第 10 期。

[48] 阳镇、许英杰：《产城融合视角下国家级经济技术开发区转型研究——基于增城国家级经济技术开发区的调查》，载《湖北社会科学》2017 年第 4 期。

[49] 杨俊、李小明、黄守军：《大数据、技术进步与经济增长——大数据作为生产要素的一个内生增长理论》，载《经济研究》2022 年第 4 期。

[50] 叶振宇：《城镇化与产业发展互动关系的理论探讨》，载《区域经济评论》2013 年第 4 期。

[51] 张道刚：《"产城融合"的新理念》，载《决策》2011 年第 1 期。

[52] 张鸿雁：《中国新型城镇化理论与实践创新》，载《社会学研究》2013 年第 3 期。

[53] 张建清、白洁、王磊：《产城融合对国家高新区创新绩效的影响——来自长江经济带的实证研究》，载《宏观经济研究》2017 年第 5 期。

[54] 赵蔡晶：《国内数据要素价值化研究综述及展望》，载《信息资源管理学报》2024 年第 2 期。

[55] 赵放、李文婷、马婉莹：《数据要素市场化能否促进数字产业集聚——来自准自然

实验的证据》,载《浙江学刊》2024 年第 3 期。

[56] 朱晓峰、盛天祺、张卫:《重大突发公共事件冲击下政府数据开放的共生运行机制研究:构建与演进》,载《情报理论与实践》2020 年第 12 期。

[57] 邹德玲、丛海彬:《中国产城融合时空格局及其影响因素》,载《经济地理》2019 年第 6 期。

[58] Basu, S. and Weil, D. N., 1998: Appropriate Technology and Growth, *Quarterly Journal of Economics*, Vol. 113, No. 4.

[59] Beck, T. and Levkov, R. L., 2010: Big Bad Banks? The Winners and Losers from Bank Deregulation in the United States, *The Journal of Finance*, Vol. 65, No. 5.

[60] Cong, L. W., Xie, D., and Zhang, L., 2021: Knowledge Accumulation, Privacy and Growth in a Data Economy, *Management Science*, Vol. 67, No. 10.

[61] DeChaisemartin, C. and D'haultfoeuille, X., 2020: Two-way Fixed Effects Estimators with Heterogeneous Treatment Effects, *American Economic Review*, Vol. 110, No. 9.

[62] Farboodi, M., Mihet, R., Philippon, T., and Veldkamp, L., 2019: Big Data and Firm Dynamics. *AEA Papers and Proceedings*, 109: 38 – 42.

[63] Glaeser, E. L., Kolko, J., and Saiz, A., 2001: Consumer City. *Journal of Economic Geography*, Vol. 1, No. 1.

[64] Goodman – Bacon, A., 2021: The Long – Run Effects of Childhood Insurance Coverage: Medicaid Implementation, Adult Health, and Labor Market Outcomes, *American Economic Review*, Vol. 111, No. 8.

[65] McAfee, A., Brynjolfsson, E., Davenport, T. H., Patil, D. J., and Barton, D., 2012: Big Data: The Management Revolution, *Harvard Business Review*, Vol. 90, No. 10.

[66] Porter, M. E., 1998: Clusters and the New Economics of Competition. *Harvard Business Review*, Vol. 76, No. 6.

[67] Ruijer, E., 2021: Designing and Implementing Data Collaboratives: A Governance Perspective. *Government Information Quarterly*, Vol. 38, Issue 4.

[68] Safarov, I., Meijer, A., and Grimmelikhuijsen, S., 2017: Utilizatation of Open Government Data: A Systematic Literature Review of Types, Conditions, Effects and Users. *Information Polity*, Vol. 22, No. 1.

[69] Veldkamp, L., 2005: Slowboom, Suddencrash, *Journal of Economic Throey*, Vol. 124, No. 2.

How can Public Data Circulation Promote City-Industry Integration?

—Quasi-Natural Experiment Based on Public Data Open Platforms

Qi Jiang　Zhenchao Zhou　Xintao Wang

Abstract: The development issues of cities should be addressed by properly handling the dialectical relationship between agglomeration economy and governance costs. As an important link in promoting the aggregation and utilization of public data, the circulation of public data coordinates the development goals of the digital economy and digital cities, providing key elements for the integrated and deep integration of industry and city. Taking the establishment of public data open platforms in various prefecture-level cities as a quasi-natural experimental opportunity to examine the circulation of public data, this article uses the multi-period difference-in-differences method to confirm that public data circulation can drive the integration of industry and city. This relationship works through promoting the upgrading of industrial structure, improving the efficiency of factor allocation, and enhancing the level of public services. Heterogeneity analysis found that the promotion effect of public data circulation on industry-city integration is more significant in larger cities, influenced by factors such as data derivation, economies of scale, and the ease of governance. Continuing to deepen the circulation of public data has become an inevitable trend for the digital transformation of the economy and society. Based on the above conclusions, the following policy recommendations are put formard: We should accelerate the construction of institutional mechanisms to promote the development of the digital economy, cultivate new quality productive forces that drive the integration of industry and city, and enhance urban public service capabilities with the goal of achieving overall intelligent governance.

Keywords：Public Data　Factor Circulation　Industry – City Integration　Advanced Industrial Structure

JEL Classification：E23　O24

制度型开放与高端要素集聚

孙　鹏　吴艳芳[*]

摘　要： 推动制度型开放是我国应对不利国际形势的重要战略抉择，自由贸易试验区（以下简称"自贸试验区"）建设以对外开放为引领，以制度创新为核心，是制度型开放的重要载体。新时期自贸试验区制度型开放如何通过市场机制调节推动高端要素集聚值得深入探讨。基于 2009 ~ 2021 年面板数据，以自贸试验区建设作为中国制度型开放的一项准自然实验，运用双重差分法系统考察了制度型开放对高端要素集聚的影响机理与调节效应。研究发现，自贸试验区制度型开放显著推动了人才、资本、技术和数据要素的集聚。该结论在经过一系列稳健性检验后仍然成立。异质性分析结果表明，沿海自贸试验区、以深化改革和对外开放为功能定位的自贸试验区的高端要素集聚效应更加明显。调节效应分析发现，市场环境中市场负担、市场扭曲、市场潜能、市场活力等方面的改善能够正向调节自贸试验区制度型开放的高端要素集聚效应。进一步将自由贸易港作为单独制度型开放的载体研究发现，相较于其他自贸试验区当前海南自贸港建设能进一步推动资本要素的集聚，但技术要素集聚效应尚未显现。本文研究为厘清自贸试验区制度型开放与高端要素集聚的关系、推进更高层次、更高水平的对外开放和参与全球经济治理体系改革提供思路借鉴。

关键词： 制度型开放　自贸试验区　高端要素集聚　市场环境　自由贸易港

一、引　　言

改革开放 40 多年来，中国通过持续的对内改革与对外开放取得了举世瞩目的成就，其中对内改革与对外开放形成的良性互动是发展可以持续的关键因素，"以改革促进开放"和"以开放倒逼改革"成为推动经济高质量发

* 本文受国家自然基金项目"生态约束与外资驱动下全要素能源效率提升研究：基于能源—经济—环境系统的分析框架"（72164008）、海南省自然科学基金高层次人才项目"拓展的 3E 系统框架下生态承载力、FDI 质量对全要素能源效率影响研究——机理模型与实证检验"（720RC578）、海南省哲学社会科学规划课题一般项目"海洋环境规制、海洋产业结构升级与海南海洋经济增长研究"（HNSK（YB）20 - 13）资助。
感谢匿名审稿人的专业审稿意见！
孙鹏：海南大学国际商学院；地址：海南省海口市美兰区人民路街道人民大道 58 号，邮编 570228；E-mail：newsp2008@126.com。
吴艳芳：海南大学国际商学院；地址：海南省海口市美兰区人民路街道人民大道 58 号，邮编 570228；E-mail：wu18250632820@163.com。

展的循环动力（刘秉镰等，2020）。近年来，经济全球化遭遇逆风倒流，经贸摩擦加剧，国家保护主义和单边主义盛行，这些变化从根本上动摇了全球产品内分工的信任基础，动摇了一些国家的政府支持经济全球化开放的政策和政治基础。随着世界经济进入规制重塑阶段，中国需要重新审视和评估我国的对外开放战略，与此同时，中国国内经济体制改革也逐渐进入深水区，大力推动制度创新成为对内改革的关键性举措（熊芳、童伟伟，2024）。在这一背景下，以制度创新与对外开放为核心的制度型开放应运而生。2018 年中央经济工作会议上提出"推动由商品和要素流动型开放向规则等制度型开放转变"，这是制度型开放首次被正式提及。党的二十大报告以及"十四五"规划纲要再次强调在持续深化"要素流动型开放"的同时要稳步扩大规则、规制、管理、标准等制度型开放。不同于商品和要素流动型开放，制度型开放主要涉及国内规则（边界内措施）与高标准国际经贸规则的融合，构建与国际通行规则相衔接的制度体系和监管模式，包括标准一致化、竞争一致化、监管一致化。中国新一代以制度型开放为代表的对外开放模式转变与升级是对国际政治经济新格局、全球生产分工新体系和国内经济社会发展新问题的积极调整与主动应对，极大地丰富了高水平对外开放的内涵（郭澄澄，2022）。作为制度型开放的重要载体和代理变量，覆盖 22 个自贸试验区和海南自由贸易港立足战略定位和区位特色优势，正积极对标高标准国际经贸规则，以投资自由、贸易自由、资金自由、运输自由、人员往来自由、数据便利等为重点，深入推进投资贸易自由化便利化，一大批基础性、根本性、首创性、差别化的典型创新案例正在加快推出，这也标志着中国从理论和实践上进入对标国际高标准投资和贸易规则的制度型开放的新阶段，制度型开放成为中国新时期深化改革开放的重要任务。2023 年 9 月，习近平总书记就深入推进自由贸易试验区建设作出重要指示，"要在全面总结十年建设经验基础上，深入实施自贸试验区提升战略，勇做开拓进取、攻坚克难的先锋，在更广领域、更深层次开展探索，努力建设更高水平自贸试验区"①。自贸试验区与海南自由贸易港建设不仅是中国稳步扩大制度型开放的具体体现，而且也是中国积极应对经济全球化的制度设计。

以马歇尔为代表的新古典经济学家们认为，外部性是集聚产生的动力，通过人力资本积累、资金外部性、技术外部性等方式来获得额外收益（Ellison et al.，2010）。随着世界经济一体化和各国联系紧密程度的加深，开放型经济体制背景下的区域间生产要素流动壁垒逐步被打破，强流动性要素偏向于流入拥有低流动性要素的地区，生产要素的国际流动成为了经济全球化的本质（吴志成，2023）。在过去的改革开放历程中，受限于要素禀赋条件，

---

① 《勇做开拓进取攻坚克难先锋 努力建设更高水平自贸试验区》，载《人民日报》2023 年 9 月 27 日 01 版。

中国更多地依靠一般劳动力和自然资源等要素禀赋积极参与全球价值链分工体系。然而在土地、人口等一般性生产要素红利逐渐式微的情况下，长期定位于"微笑曲线"底部的战略给经济持续增长带来压力，对此中国亟须调整要素结构，以一般性生产要素吸引高端要素（吴杨伟、王胜，2018）。如何在国际市场竞争中通过集聚高端要素形成新的比较优势比拥有一般性生产要素更加重要。与一般性生产要素不同，高端要素的流动和集聚对国际经贸所需的制度环境要求更高（郭贝贝、董小君，2022），这与自贸试验区制度型开放的目标一致：通过深化改革和制度创新来形成生产要素集聚高地。以自贸试验区与自贸港建设为抓手，推动更高水平的制度型开放，可以在国内庞大市场的支撑下，依托国内经济循环体系形成对全球要素资源的强大引力场，以国际循环提升国内大循环效率和水平，改善我国生产要素质量和配置水平。

通过上述分析可以发现一个有趣且十分重要的问题：以自贸试验区建设为载体的制度型开放是否可以推动高端要素的进一步集聚？推动的机制路径又有哪些？带着对上述问题的思考，本文从制度型开放视角出发，将高端要素分为人才、资本、技术和数据四种，采用多期双重差分模型探究自贸试验区制度型开放对各类高端要素集聚的影响，并进一步探讨其市场调节效应，以期对中国推进更高层次、更高水平的对外开放和参与全球经济治理体系改革提供新思路。

现有针对制度型开放与高端要素集聚的文献主要聚焦于两类领域。第一类文献是针对制度型开放的研究。在经济全球化和区域经济一体化空前发展的态势下，实际世界贸易规模和模式与传统国际贸易理论值之间还存在很大的差距，新贸易理论等传统国际贸易理论无法对现实国际贸易的影响因素做出全面的解释。西方制度经济学的兴起为国际贸易理论研究提供了一个全新的视角，学者们开始广泛研究国际贸易中的制度因素。综合来看，制度因素对贸易流量的影响（Acemoglu and Simon，2005）、制度质量差异对比较优势的影响（Krishna，2013）、制度质量对垂直整合与贸易格局的影响（Ferguson and Formai，2013）等一系列研究加快了制度因素与开放经济研究的融合，从而为制度型开放的提出奠定了理论基础。

延续主流经济学当中对外开放过程的制度影响因素的相关研究，国内学者围绕制度型开放的机理路径展开一些理论上的探讨，学者们基本达成如下共识：制度型开放是建立与国际通行规则相衔接的、规范透明的基本制度体系，是中国深度参与全球经济治理体系改革、提升制度性话语权的重要保障，是推进国家治理体系和治理能力现代化的重要途径（熊芳、童伟伟，2024），此外，当前对于制度型开放的测度主要有构建指标体系法、文本分析法和准自然实验法。在此基础上，学者们对制度型开放的政策实践进行拓展性探讨。李平等（2021）基于制度型开放的内涵构建了制度型开放综合指标体系，检验了制度型开放对技术创新水平的促进作用。卓乘风、毛艳华（2023）从转变政府职能、改革投资管理制度等五个维度出发，利用自贸区的政策文件构建制度型开放的测度框架，进而探讨制度型开放对城市经济韧性的影响。杨剑等（2021）选择 28 个自贸试验区方案，通过文本分析方法，发现政府在制度型开放中注意力的配置特征，这些特征深刻体现了以开放促改革、以改革促开放的重要内容。吕洪燕等（2022）以自由贸易试验区设立作为制度型开放的准自然实验，采用双重差分法考察制度型开放对企业效率的影响。张洪胜等（2023）以设立跨境电商综试区作为制度型开放的举措，运用结构估计方法首次量化评估了跨境电商综试区设立的消费者福利增进效应。孙鹏、李岱军（2023）以设立服务贸易创新发展试点衡量制度型开放水平，考察服务贸易领域制度型开放对外资引进的影响。戴翔、张二震（2019）指出作为对全球经济治理规则和体系的补充和完善，中国的"一带一路"倡议有助于推动中国朝着具有"境内开放""政策协调""规则导向"等内在特性的制度型开放方向转变。

第二类文献是聚焦于高端要素的研究。在现代社会生产中，高端要素已经成为重要的生产要素之一，是随着科技进步和各种新经济形态发展而逐渐形成的（吴信坤，2018）。现有研究更多地是将高端要素作为开展各项经济活动的影响因素之一。部分学者从创新、研发视角展开探讨，认为高端要素集聚能够提升区域创新绩效、全要素生产率等表现（郭金花、郭淑芬，2020；张杰、付奎，2021）。吴信坤（2018）指出得益于高端人才、货币资本和专利技术等高级生产要素的积累，发达国家的对外直接投资规模不断扩大。高端要素资源在全球范围内分布的非均衡性也对全球产业链发展和布局产生影响，高端要素资源丰裕的地区更容易进行传统产业的改造或发展新兴产业，更有利于实现产业体系现代化（陈英武等，2023）。当前中国高端要素资源拥有量相比于发达国家仍然处于劣势，高端人才总量不足、现代金融服务实体经济水平不高、科技服务能力不强等高端要素流动的体制机制障碍和资源错配问题较为突出，使得高端要素的应用价值难以最大限度发挥（李敦瑞，2018），而在新一轮开放发展中，实现高端要素的自由流动需要更高标准的国际经贸制度环境（裴长洪、刘斌，2019），对此，探究高端要素在制度型开放影响各种经济活动中所发挥的作用逐渐成了学术界关注的话题。王明益、姚清仿（2022）基于技能劳动力流动和高质量外资流动两个维度，论证了自贸试验区设立对城市资源配置效率的提升作用。聂正彦等（2023）的研究结果表明，自贸试验区通过鼓励第三产业发展和人口集聚来实现城市经济效率的提升。

通过相关文献的梳理发现，当前有关制度型开放和高端要素集聚的研究成果较为丰富，但仍然存在一些不足，少数涉及自贸试验区制度型开放与高端要素集聚关系的研究中，更多是以某一种高端要素集聚指标来衡量整体高端要素集聚水平，而忽视了自贸试验区制度型开放对不同种类高端要素集聚的影响可能存在异质性；同时，有关制度型开放与高端要素集聚的关系中，也鲜少有研究考虑市场机制对二者关系的调节作用。因此，本文基于制度型开放视角探究自贸试验区建设对高端要素集聚的影响。对比已有研究，本文可能的边际贡献如下：一是本文在传统商品与要素开放研究基础上，从制度型开放视角出发，探讨自贸试验区建设对人才、资本、技术和数据四种高端要素集聚的影响，丰富并补充了制度型开放理论与高水平对外开放经济理论的相关研究。二是考虑到市场机制在自贸试验区制度型开放对接高标准国际经贸规则过程中发挥的作用，本文进一步引入市场环境变量，将市场环境细化为市场负担、市场扭曲、市场潜能、市场活力四个视角，深入剖析自贸试验区制度型开放影响高端要素集聚的机制路径，从而搭建了"制度型开放—市场环境—要素集聚"逻辑链条。

本文余下部分的结构安排如下：第二部分为自贸试验区制度型开放的制度背景及理论假说的提出；第三部分为本文的研究设计；第四部分是实证结果分析，包括基准结果分析、稳健性检验以及异质性分析；第五部分为影响机制验证，即市场环境调节效应分析；第六部分为进一步分析，即对海南自由贸易港制度型开放的考察；第七部分是本文的结论及政策建议。

二、制度背景与理论假说

（一）自贸试验区制度型开放相关政策背景

2018 年中央经济工作会议首次提出"推动由商品和要素流动型开放向规则等制度型开放转变"，"制度型开放"第一次出现在官方文件中。而后，2019 年中国共产党十九届四中全会对"制度型开放"的内涵进行拓展，由规则为主的制度型开放转向规则、规制、管理、标准等制度型开放。党的二十大报告进一步强调"推进高水平对外开放，稳步扩大规则、规制、管理、标准等制度型开放"。对此，党中央结合中国对外开放形势，继续深入探索制度型开放。2023 年 6 月，国务院印发了《关于在有条件的自由贸易试验区和自由贸易港试点对接国际高标准推进制度型开放的若干措施的通知》，提出率先在上海、广东、天津、福建、北京等具备条件的自由贸易试验区和海南自由贸易港，试点对接相关国际高标准经贸规则，稳步扩大制度型开放。制度型开放作为中国推进高水平对外开放和推动构建国际经济新秩序的重大举措，对内要求中国加快国内制度、规则与国际高标准经贸规则接轨，全方位多领域进行深化改革，对外要求中国积极加入多边贸易协定，提供更多制度型公共产品，主动参与全球经济治理体系改革和完善。尽管"制度型开放"一词提出的时间不长，但多年来中国坚持以自贸试验区为抓手，坚持先行先试，主动对接高标准国际经贸规则，致力于将自贸试验区打造成为开放程度最高、制度建设最完善的制度高地。

截至 2023 年底，中国先后设立了 22 个自贸试验区，形成了多地协调、"沿海＋内陆＋沿边"开放的自由贸易试验区总体发展格局，彰显了中国坚定不移扩大对外开放、建设更高水平开放型经济新体制的决心。自贸试验区以积极对接高标准国际经贸规则为准则，通过制度型开放倒逼国内体制机制改革，在各领域取得了大批制度创新成果和可复制可推广的制度创新经验。表 1 为整理的部分自贸试验区制度型开放典型创新案例。

表 1　　　　　　　　　部分自贸试验区制度型开放典型创新案例

领域	典型创新案例
人才服务优化	1. 广东自贸试验区建立国际人才一站式服务窗口，在广州移民事务服务中心原有服务（提供外籍人员签证证件、在华永久居留申请、来华工作许可、人才认定、涉外公证等一站式服务）基础上，整合政务服务资源，采取实体咨询与在线咨询相结合的方式，为国际人才和企业提供广州市人才政策咨询、申报指导、需求搜集、联络慰问等服务。 2. 北京自贸试验区科创片区海淀组团建设"人才 E＋"工作站，整合政府部门和专业服务机构优势资源，打造服务人才、赋能人才、汇聚人才的"两区"人才服务基地。 3. 江苏自贸试验区苏州片区起草了全国首个《江苏省生物医药工程专业技术资格条件（试行）》，首次在专业职称序列中将生物医药工程与化工工程并列，填补了国内职称在生物医药这一领域的空白，重点研究制定了全国首个以产业分类的国际职业资格比照认定国内职称资格目录，内外循环，为深化工程技术人才职称制度改革打造"苏州样板"
金融开放创新	1. 上海自贸试验区推出自由贸易账户体系，该体系通过引入符合国际惯例的管理原则，建立了跨境资金流动管理体系，实现了宏观审慎管理和风险可控。 2. 海南自贸港知识产权证券化创新，针对特色产业如生物医药产业探索证券化产品，引入保险池和流动性投资者增信机制，并与律师事务所等中介机构合作以降低法律和金融风险。 3. 广东自贸试验区横琴片区推出"跨境人民币全程电子缴税"，更好地解决越来越多港澳企业和居民在内地纳税和业务办理的诉求，进一步促进粤港澳大湾区要素资源的便捷流动
贸易便利化	1. 上海国际贸易"单一窗口"建设重点体现了"一个平台、一次提交、结果反馈、数据共享"的核心理念，通过技术创新、业务创新、模式创新，不断丰富和完善"单一窗口"功能，实现了在口岸监管环节和国际贸易管理各主要环节，贸易和运输企业通过"单一窗口"向监管部门一次性提交申报，监管部门通过"单一窗口"向企业反馈办理结果和共享监管结果信息，形成了"一站式"互联互通。 2. 海南自贸港推出我国跨境服务贸易领域首张负面清单，将过去分散在各个具体领域的准入措施，以"一张单"的方式归集列出，同时明确清单之外的领域，按境内外服务及服务提供者待遇一致原则实施管理，实现了服务贸易管理由正面清单承诺向负面清单管理的转变，有效提升了跨境服务贸易管理的透明度和可预见性。 3. 广东自贸试验区南沙片区推出跨境电商出口退货"一站式"监管新模式，针对跨境电商出口退货难等痛点堵点，支持企业将境外的出口电商退货商品退回南沙综合保税区，在综合保税区仓库内一站式完成拆包、分拣、上架、存储、复运出口等业务，减少企业在境外设置退货仓的成本，完善跨境电商出口产业链

续表

领域	典型创新案例
投资管理	1. 海南自贸港推出国际投资"单一窗口"，是全国首家投资全流程"套餐式"服务平台，重点围绕投资咨询、企业开办、项目建设、配套服务四个方面进行了优化升级，增设线下窗口"就近服务"和跨场景式智能引导等功能，进一步完善投资服务体系，优化投资主题式服务，提高用户获得感，更加方便投资者快速定位投资服务事项。 2. 在自贸试验区实施外商投资准入前国民待遇加负面清单管理制度，进一步深化制造业开放、探索放宽服务业准入、提高外资准入负面清单精准度以及优化外资准入负面清单管理。目前已实现自贸试验区负面清单制造业条目清零。 3. 浙江自贸试验区宁波片区依托国家外汇管理局开展的跨境贸易投资高水平开放试点政策红利，一次性推出"综合集成式"改革，涵盖 9 项资本项目、4 项经常项目改革措施和 2 项风险防控措施，实现企业外汇使用和汇兑便利有序
数据跨境流动	1. 2023 年 11 月，广东省发布《"数字湾区"建设三年行动方案》，提出"探索推行数据跨境流通'白名单'制度，通过纳入数据授权跨境目录、数据主体授权等模式，实现数据安全有序跨境流动。同年 12 月正式上线粤港澳大湾区数据保护和数据跨境服务平台，提供关于粤港澳大湾区数据跨境流动便利化政策的专项服务等。 2. 上海自贸试验区临港新片区出台了"数据流动操作指引"，率先建立"事前评估备案、事中备份存证、事后抽查核验"的全流程数据跨境流动管理机制，探索了近 50 个数据跨境便捷流通场景。 3. 2024 年 5 月，中国（天津）自由贸易试验区管理委员会、天津市商务局会同有关部门制定了我国第一份自贸试验区数据出境负面清单：《中国（天津）自由贸易试验区数据出境管理清单（负面清单）（2024 版）》

注：笔者根据公开信息整理所得。

（二）理论假说

1. 自贸试验区制度型开放对高端要素集聚的影响

本文预期自贸试验区制度型开放能够推动高端要素集聚，原因有二：第一，自贸试验区为打造制度高地需要不断优化制度环境，而制度环境所决定的交易成本会影响高端要素的流向（郭贝贝、董小君，2022），因此，以高水平制度型开放在一定程度上能够引领高端要素集聚。制度环境越优越，越有利于消除高端要素自由流动的体制机制障碍，对高端要素的吸引力就越大。第二，自贸试验区借助其制度优势，积极引进和培育有国际影响力的企业，这些企业往往具有整合全球资源的能力，有助于最大化高端要素的拥有者获得的收益，在要素的"趋利性"的驱动下，更多高端要素向自贸试验区内转移，由此产生循环累积效应，最终形成集聚。

具体而言，首先，自贸试验区制度型开放有助于实现高端人才要素集聚。高端人才在国际市场的流动，使其能够学习掌握全球价值链分工体系中高端生产环节所需的知识和技能，拥有高端人才有利于在嵌入全球价值链过程中占据优势。一方面，为了突破全球价值链产业链的"低端锁定"，自贸试验区致力于引进知识、技术密集型产业，对高端人才的需求会增加（孙健、尤雯，2008）。自贸试验区通过制度创新，以完善人才评价机制、实施个人所得税优惠政策、提供创业就业支持等措施，不断吸引并留住国内外高端人才，实现高端人才的直接补给和集聚。另一方面，高端人才作为知识的创造者、拥有者和传播者，其自身所携带的信息共享效应、创新效应和激励效应有助于提升自贸试验区整体人力资本水平（刘和东、刘繁繁，2021），对此，自贸试验区为高端人才创新交流提供便利平台和就业机会，通过知识传播和不断学习最大化高端人才要素收益，不仅对更多高端人才进入自贸试验区产生正向激励，还有助于自贸试验区自主培育储备优秀人才，从而进一步推动自贸试验区制度型开放的人才要素集聚。

其次，自贸试验区制度型开放有助于实现高端资本要素集聚。自贸试验区成立以来，大批外商投资企业纷纷涌入，制度创新所带来的示范效应使得外商投资数量和规模还处于上升阶段。自贸试验区通过营造良好的营商环境和实行准入前国民待遇加负面清单管理模式等措施，有利于消除外资的进入阻碍，切实降低了外商投资企业的生产经营成本，从而实现资本产出比的提升，使更多的资本不断流入自贸试验区并初步形成资本积累（Chen et al.，2021）。然而有研究表明，外资所内含的技术水平和研发实力等溢出价值会因来源不同而存在差异性，低质量外资会对本地资本产生挤出，从而导致资本的错配，另外，低质量外资更倾向于与低端要素进行组合生产，也不利于自贸试验区内整体要素质量的提升（王明益、姚清仿，2022）。对此，自贸试验区通过加快政府职能转变，减少政府对市场的干预行为，强化市场机制对资本的配置作用，一方面，筛选掉一些低质量外资，吸引更多高质量外资进入自贸试验区；另一方面，以外资刺激来提升本地资本的竞争力，从而实现自贸试验区内外资本的高质量集聚和高效配置。

再次，自贸试验区制度型开放有助于实现高端技术要素集聚。以提升经济实力和创新能力为目标，有针对性地引进高技术企业和高质量外资，将提高自贸试验区对技术要素的要求。一方面，高质量外资的流入将带来先进技术和优质研发资本，为区域内企业进行技术研发创造有利条件，同时，通过外资的竞争效应和技术溢出效应，实现技术要素的"优胜劣汰"，增强企业集聚和培育高端技术要素的能力（Bas and Strauss – Kahn，2014）；另一方面，自贸试验区通过布局建设高技术产业园区打造高附加值产业集群平台，倒逼区域内产业链转型升级，这就要求自贸试验区不断强化与国际要素市场的对接，推动高端技术要素在自贸试验区内集聚以满足产业链转型升级的需要（Lee and Sohn，2019）。此外，自贸试验区结合制度创新加大对知识产权保护的公共政策供给，营造良好的技术研发环境，推动技术转移，激励市场主体通过技术合作和技术创新等方式实现技术赶超，保护企业技术研发的积极性和创新成果（吴超鹏、唐菂，2016），从而助推自贸试验区形成高技术研发中心，进一步集聚更多高端技术要素以突破关键核心技术。

最后，自贸试验区制度型开放有助于实现高端数据要素集聚。进入数字经济时代，数据作为一种新型生产要素，对各国经济发展起着重要作用。基于数据要素低成本性、融合性以及时效性等经济特点，自贸试验区在数据基础设施发展状况、数字化应用以及数字产业发展等方面展开制度创新。一方面，自贸试验区围绕 5G 网络、人工智能、大数据等新一代数字技术，加快完善数据基础设施建设，有利于破除数据自由流动的阻碍，通过数据要素与其他高端生产要素的优化组合，提高资源配置效率，不断释放数据要素红利，以此形成示范效应，吸引数据要素向自贸试验区集聚（白俊红等，2017）；另一方面，自贸试验区以数字化应用加快推进政府职能转变，推动实现数据跨区域跨部门互联互通，提升"互联网 + 政务服务"水平。此外，自贸试验区积极探索平衡国家信息安全和数据跨境自由流动的制度安排，优化政府信息监管制度，保障数字贸易和数字产业发展的安全性，并通过探索大数据交易平台、数据交易所和国际数据交易联盟等规范化平台建设，为数据要素集聚营造安全有序的环境（黎峰，2023）。

综上所述，提出本文的假说 1：

H1a：自贸试验区制度型开放能够推动所在地区人才要素集聚。

H1b：自贸试验区制度型开放能够推动所在地区资本要素集聚。

H1c：自贸试验区制度型开放能够推动所在地区技术要素集聚。

H1d：自贸试验区制度型开放能够推动所在地区数据要素集聚。

2. 市场环境的调节效应

《中共中央关于制定国民经济和社会发展第十四个五年规划和二〇三五年远景目标的建议》对新时代建设高标准市场体系作出指示，构建高水平社会主义市场经济体制，建设高标准市场体系，推动有效市场和有为政府更好结合。打造公平有效的市场环境，是推动中国市场体系向规则、规制、管理、标准等制度型开放转变过程中不可或缺的一环。市场环境的优劣对于自贸试验区制度型开放推动高端要素集聚具有重要影响。本文从市场负担、市场扭曲、市场潜能以及市场活力四个方面深入剖析市场环境在"自贸试验区制度型开放—高端要素集聚"中的调节作用。

从市场负担视角来看，市场负担的减轻意味着政府对市场干预行为的减少，更有利于发挥市场在资源配置中的决定性作用。市场负担越轻，表现为政府行政服务效率越高，不仅有利于降低市场主体为获得经营许可、项目审批等办事流程所花费的时间成本、制度性交易成本，还能够减少市场主体向政府寻租的非生产性行为的发生（李蕊等，2021）。位于自贸试验区的市场主体拥有较高的创新意识，为了获得更多的超额利润，需要以有限的要素资源吸引更多高端要素流入，而政府对要素资源支配力度的弱化，使得更多的要素资源流向自贸试验区，这些节省下来的要素资源有助于为市场主体争取更多优势资源（Boldrin and Levine，2004）。此外，自贸试验区制度型开放追求更高的政策透明度，通过有重点的、合理的、公开的政策倾斜，能够有效降低市场的不确定性，更好地引导高端要素向重点领域集聚。

从市场扭曲视角来看，市场扭曲程度加深将干扰正常的市场秩序，从而引起效率损失和交易成本。市场扭曲程度越深，一方面，反映出地区市场监管体系不完善和法治化程度较低，市场主体间的无序竞争将造成高端要素集聚的显性和隐形壁垒，同时也使市场供求信息无法有效传递，为经济活动带来更多的不确定性因素，不利于高端要素与生产活动的匹配（曹亚军，2019）；另一方面，在市场扭曲程度深的地区，出于对绩效考核和经济发展的考虑，政府往往会加大对要素资源的控制，造成要素价格刚性、要素流动障碍等不利影响，进而扩大产品市场和要素市场的差距（杨洋等，2015）。面对激烈的国际市场竞争，自贸试验区内市场扭曲程度越低，不仅有利于突破中国生产环节"低端锁定"的局面，更能促成高端要素顺着正确的市场信号流向高生产效率部门进而形成集聚。

从市场潜能视角来看，较高的市场潜能表现为市场规模扩大。市场规模扩大得益于国内国外两个市场的联动发展，通过开放国内市场和拓宽国外市场，能够更好地实现要素资源的高效整合（孙军，2009）。具体来说，随着自贸试验区制度型开放的不断推进，更多跨国公司、国外产品及服务、外资进入国内市场，为了适应国际化的竞争环境，各市场主体需转变竞争策略，不断吸引知识、技术含量高的高端要素来提升竞争力，而以自贸试验区作为拓宽国外市场规模的中介，能够向国内市场传递更多的需求信号，倒逼市场主体改变原有的生产条件，以新的要素禀赋优势来满足国内外不断变化的、多样化的市场需求。处于自贸试验区内的市场主体，自身自主创新能力和风险应对能力更强，因而更愿意以相对昂贵的高端要素替代相对廉价的一般性生产要素，以高投资回报弥补要素成本增加（于文超、梁平汉，2019）。

从市场活力视角来看，市场活力的提升源自市场主体的市场参与度。市场主体，尤其是私营企业和外资企业的数量越多，有利于减少国有企业的市场垄断，降低生产要素价格，强化生产要素的流动性，提高市场竞争程度，从而激发市场活力（贺京同等，2012）。自贸试验区制度型为市场主体营造了公平有序的竞争环境。一方面，私营企业间的有序竞争有利于自贸试验区开展更多创新研发活动，并且，依托自贸试验区的扶持政策，能够在一定程度上为企业分担创新研发风险，解决融资约束难题，使得私营企业更有意愿引进更多高端要素来巩固自身市场地位（于文超、梁平汉，2019）；另一方面，得益于准入前国民待遇加负面清单管理制度等政策的实施，外资企业在更多领域能够享有平等待遇，有利于降低外来者劣势，鼓励其将自身携带的高端要素投入生产活动，推动自贸试验区内要素结构快速调整。

基于上述分析，提出本文的假说 2：

H2a：市场负担在自贸试验区制度型开放对高端要素集聚的影响中发挥负向调节作用，即市场负担越轻，自贸试验区对高端要素集聚的推动作用越强。

H2b：市场扭曲在自贸试验区制度型开放对高端要素集聚的影响中发挥负向调节作用，即市场扭曲程度越低，自贸试验区对高端要素集聚的推动作用越强。

H2c：市场潜能在自贸试验区制度型开放对高端要素集聚的影响中发挥正向调节作用，即市场潜能越大，自贸试验区对高端要素集聚的推动作用越强。

H2d：市场活力在自贸试验区制度型开放对高端要素集聚的影响中发挥正向调节作用，即市场活力越高，自贸试验区对高端要素集聚的推动作用越强。

对此，本文的理论机制如图 1 所示。

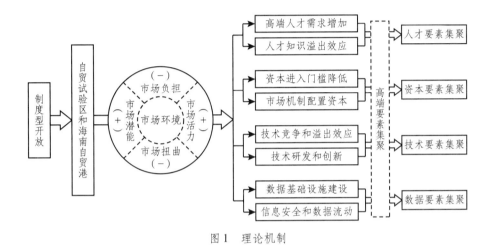

图 1　理论机制

三、研究设计

（一）计量模型设定

1. 基准模型

本文以自贸试验区建设作为制度型开放的一项准自然实验，采用多期双重差分模型评估自贸试验区制度型开放对高端要素集聚的影响，基准模型设定如下：

$$\text{Element\_agg}_{it} = \alpha_0 + \alpha_1 \text{DID}_{it} + \delta \text{Control}_{it} + \mu_i + \nu_t + \varepsilon_{it} \qquad (1)$$

式（1）中，Element_agg_{it} 表示高端要素集聚变量，包括人才要素集聚（Ta_agg）、资本要素集聚（Ca_agg）、技术要素集聚（Te_agg）以及数据要素集聚（Da_agg）四种。DID_{it} 表示自贸试验区虚拟变量，表示省份 i 在 t 年是否设有自贸试验区。α_1 为核心待估系数，表示自贸试验区制度型开放对高端要素集聚的净效应。Control_{it} 表示一系列影响高端要素集聚的控制变量。μ_i 表示省份固定效应，ν_t 表示年份固定效应，ε_{it} 表示误差项。

2. 调节效应模型

本文引入市场环境作为调节变量，将市场环境细分为市场负担（Burden）、市场扭曲（Distortion）、市场潜能（Potential）、市场活力（Vitality）四个维度，构建调节效应模型探讨市场环境改善如何调节自贸试验区制度型开放对高端要素集聚的影响，模型设定如下：

$$Element\_agg_{it} = \alpha_0 + \alpha_1 DID_{it} + \alpha_2 Burden_{it} + \alpha_3 DID \times Burden_{it} + \delta Control_{it} + \mu_i + \nu_t + \varepsilon_{it} \quad (2)$$

$$Element\_agg_{it} = \alpha_0 + \alpha_1 DID_{it} + \alpha_2 Distortion_{it} + \alpha_3 DID \times Distortion_{it} + \delta Control_{it} + \mu_i + \nu_t + \varepsilon_{it} \quad (3)$$

$$Element\_agg_{it} = \alpha_0 + \alpha_1 DID_{it} + \alpha_2 Potential_{it} + \alpha_3 DID \times Potential_{it} + \delta Control_{it} + \mu_i + \nu_t + \varepsilon_{it} \quad (4)$$

$$Element\_agg_{it} = \alpha_0 + \alpha_1 DID_{it} + \alpha_2 Vitality_{it} + \alpha_3 DID \times Vitality_{it} + \delta Control_{it} + \mu_i + \nu_t + \varepsilon_{it} \quad (5)$$

式（2）至式（5）中，交互项 $DID \times M_{it}$、$DID \times Distortion_{it}$、$DID \times Potential_{it}$、$DID \times Vitality_{it}$ 的回归系数 α_3 表示调节效应的方向和大小。其他变量的定义同式（1）。

（二）变量说明

1. 被解释变量

由于高端要素更偏好于与技术、知识相关的经济活动，本文参考生产函数的设定，从人才、资本、技术和数据四种要素切入，借鉴孙红雪、朱金鹤（2023），王一乔等（2020），王素素等（2022），庞瑞芝等（2021）的研究，分别构建人才、资本、技术和数据四种高端要素集聚指标体系。采用熵权法进行标准化归一处理后，测算得到四种高端要素集聚水平。具体高端要素集聚指标的含义和测算方法在表 2 中展示。

表 2　　　　　　　　　　　　高端要素集聚指标体系

一级指标	二级指标	测算方法
人才要素集聚（Ta_agg）	人才数量	科研、技术服务和地质勘察从业人员数与信息传输、计算机服务和软件业职工人员数之和/城市总职工人员
		R&D 人数/地区就业人数
		高技术产业年平均用工人数
		外国留学生在校人数
	人才质量	就业人员中研究生文化程度就业人员占比
		R&D 人员中研究生学历占比
		人均受教育年限

续表

一级指标	二级指标	测算方法
资本要素集聚 （Ca_agg）	核心金融资本	金融机构存贷款余额/GDP
		股票市价总值
		保费收入
	吸引资本能力	吸引外来投资得分
		吸引风险投资得分
		固定资产投资/GDP
		实际利用外资额
		FDI 出口能力：分地区外商投资企业货物出口总额/地区出口总额
		FDI 盈利能力：外商投资企业成本费用利润率/规模以上工业企业成本费用利润率
技术要素集聚 （Te_agg）	产出水平	专利授权数/专利申请数
		发明专利与实用新型专利/总授权专利
		新研发产品销售收入/主营业务收入
		知识产权综合发展指数
	投入水平	技术市场成交额/GDP
		新产品开发费用/R&D 经费
		规模以上工业企业技术获取和技术改造经费支出总和
数据要素集聚 （Da_agg）	数据基础设施发展状况	长途光缆线路长度
		人均移动电话交换机容量
		人均互联网宽带接入端口数
	数字化应用	移动电话普及率
		数字普惠金融指数
		人均快递业务量
	数字产业发展	信息传输、计算机服务和软件业固定资产投资/全社会固定资产投资
		电子商务销售额

2. 解释变量

根据国务院印发的相关各自贸试验区总体方案的通知，本文整理了截至 2021 年所设有的自贸试验区省份及相应的年份，其中，设有自贸试验区的省份 21 个。以 DID 表示自贸试验区虚拟变量：若省份 i 在第 t 年设有了自贸试验区，则将 DID 在 t 年及以后年份赋值为 1，否则赋值为 0。

3. 调节变量

（1）市场负担（Burden）。借鉴何颖、李思然（2022）的研究，采用地方性政府的行政性收费和罚没收入占一般预算收入之比来衡量。

（2）市场扭曲（Distortion）。借鉴张杰等（2011）的研究，以（各省份产品市场发育程度 – 要素市场发育程度）/产品市场发育程度来衡量。

（3）市场潜能（Potential）。该指标的构建参考王永进等（2010）的研究，并对该指标进行对数处理，即：

$$\text{Potential} = \sum_{j \neq i} \left(\frac{Y_j}{R_{ij}} + \frac{Y_i}{R_{ii}} \right) \tag{6}$$

式（6）中，Y_j 为省份 j 的地区生产总值，R_{ij} 为省份 i 到省份 j 的（省会）距离，R_{ii} 为省份 i 的内部距离，$R_{ii} = \frac{2}{3} \sqrt{\frac{S_i}{\pi}}$，$S_i$ 为省份 i 的面积。

（4）市场活力（Vitality）。参考邱康权等（2022）的研究，采用个体经济、私营企业就业人口占就业人口比重来衡量。

4. 控制变量

考虑到其他因素对于高端要素集聚的影响，本文选取以下控制变量：①经济发展水平（pergdp）：人均实际 GDP（以 2000 年为基期）衡量；②产业结构（industry）：以第二产业增加值与第三产业增加值之比衡量；③贸易开放水平（open）：以货物进出口总额占 GDP 比重衡量；④城镇化水平（urban）：城镇人口数量占比衡量；⑤社会消费水平（consume）：社会消费品零售总额占 GDP 比重衡量。

（三）数据来源与描述性统计

本文选取了 2009~2021 年中国 30 个省级行政区（除我国西藏地区、港澳台地区外）的面板数据为研究样本。之所以选择省级层面数据作为研究样本，一方面，考虑到数据的可获得性，由于每个自贸试验区定位的差异，地方政府需要根据自身发展状况来制定制度创新措施和统计制度创新成果，这就会导致各自贸片区在高端要素集聚指标及统计口径上存在差异，省级层面高端要素集聚的指标数据更加统一；另一方面，各批次自贸试验区设立都以省为单位，尽管除海南省以外的其他省份自贸试验区都是以片区的形式实施，但多数制度创新案例会先向全省推广，成熟之后才会向全国复制推广，省级层面数据更能反映出制度型开放由片区向全省扩散的影响变化，政策效果评估也更加合理和精准。在数据来源方面，吸引外来投资得分、吸引风险投资得分数据来源于北京大学开放数据库的"中国创新创业区域指数"，数字普惠金融指数来源于《北京大学数字普惠金融指数》，知识产权综合发展指数来源于全国知识产权发展状况报告，其他数据来源于《中国统计年鉴》和国家统计局官方网站。部分缺失值使用插值法或均值法、查阅统计公报手动计算整理进行补齐。表3报告了主要变量的描述性统计。

表3　　　　　　　　　　　　　主要变量描述性统计

变量名称	观测值	均值	标准差	最小值	最大值
Ta_agg	390	0.1329	0.1192	0.0230	0.6680
Ca_agg	390	0.1911	0.1193	0.0510	0.7920
Te_agg	390	0.1543	0.1084	0.0270	0.6430
Da_agg	390	0.1594	0.1040	0.026	0.7150
DID	390	0.2385	0.4267	0.000	1.0000
pergdp	390	12578.5067	7970.9205	4287.0500	48075.0000
industry	390	1.0031	0.3541	0.1890	2.0020
open	390	0.2706	0.3043	0.0080	1.5480
urban	390	0.5827	0.1279	0.2990	0.8960
consume	390	0.3756	0.0662	0.2220	0.5380

四、实证结果分析

（一）基准回归

本文应用多期双重差分模型来评估自贸试验区制度型开放对人才、资本、技术以及数据四种高端要素集聚的影响，表4报告了基准回归结果。表4列（1）、列（3）、列（5）、列（7）分别为未加入控制变量的回归结果，结果显示，人才要素集聚、资本要素集聚、技术要素集聚以及数据要素集聚的DID回归系数分别在1%、10%、5%、5%的水平上显著为正，表明自贸试验区制度型开放对所在地区人才、资本、技术和数据要素集聚具有显著的推动作用。表4列（2）、列（4）、列（6）、列（8）分别为加入了控制变量的回归结果，在加入控制变量后，四种高端要素集聚的DID回归系数显著性和方向保持不变，具体地，自贸试验区制度型开放对人才要素集聚、资本要素集聚、技术要素集聚及数据要素集聚的净效应分别为0.0141、0.0245、0.0238、0.0226。综上所述，前文的理论假说H1a、H1b、H1c、H1d均得到验证。

表 4　　　　　　　　　　　　　　　基准回归结果

变量	Ta_agg		Ca_agg		Te_agg		Da_agg	
	（1）	（2）	（3）	（4）	（5）	（6）	（7）	（8）
DID	0.0215***	0.0141***	0.0243*	0.0245**	0.0279**	0.0238**	0.0385**	0.0226*
	（0.0055）	（0.0041）	（0.0139）	（0.0114）	（0.0112）	（0.0101）	（0.0144）	（0.0112）
pergdp		0.0000**		0.0000		−0.0000		0.0000*
		（0.0000）		（0.0000）		（0.0000）		（0.0000）
industry		−0.0045		−0.0282		−0.0264		0.0070
		（0.0134）		（0.0306）		（0.0196）		（0.0267）
open		0.0004		−0.1809		−0.2191		−0.1285
		（0.0591）		（0.1328）		（0.1544）		（0.1169）
urban		−0.4917**		0.3783		0.0608		−0.8662***
		（0.1942）		（0.2998）		（0.2901）		（0.2350）
consume		0.0286		0.0814		0.0480		0.0257
		（0.0336）		（0.0773）		（0.0668）		（0.0651）
_cons	0.1278***	0.3332***	0.1854***	−0.0658	0.1477***	0.2268**	0.1502***	0.6001***
	（0.0013）	（0.0896）	（0.0033）	（0.1452）	（0.0027）	（0.1109）	（0.0034）	（0.0838）
N	390	390	390	390	390	390	390	390
R^2	0.977	0.987	0.904	0.921	0.914	0.928	0.834	0.805

注：括号内为 t 值，***、**、* 分别表示在 1%、5%、10% 的水平上显著。

（二）平行趋势检验与动态效应检验

使用双重差分法进行政策效果评估，前提是要满足共同趋势假定。对此，本文借鉴 Jacobson et al.（1993）方法，使用事件研究法进行平行趋势检验和动态效应检验。一方面，为避免多重共线性，以自贸试验区政策实施前的第 10 年为基准期，将其他省份 −10 期之前的时间归并至 −10 期并剔除这一时间虚拟变量，最多以自贸试验区政策实施前 9 期为平行趋势检验的参考年份。另一方面，鉴于首批自贸试验区政策只在上海市实施，选择 2015 年第二批自贸试验区政策实施时间为动态效应分析起点，检验政策实施后 6 期内的动态效应。模型设定如下：

$$Element\_agg_{it} = \alpha_0 + \sum_{s=-9}^{6} \varphi_s D_{it}^s + \delta Control_{it} + \mu_i + \nu_t + \varepsilon_{it} \qquad (7)$$

式（7）中，D_{it}^s 是表示自贸试验区政策实施前和实施后若干年的一组虚拟变量。假定省份 i 实施自贸试验区政策的年份为 $action_i$，令 $s = t - action_i$；

当 $s \leqslant -9$ 时，$D_{it}^{-9} = 1$，否则为 0；当 $s = -9$，-8，$\cdots$，-6，-5 时，$D_{it}^s = 1$，否则为 0；当 $s \geqslant 6$ 时，$D_{it}^6 = 1$，否则为 0。

　　图 2 报告了检验结果。可以看到，自贸试验区政策实施前四种高端要素集聚的 D_{it}^s 回归系数均在零附近波动且不显著，表明设有自贸试验区省份与未设有自贸试验区省份在政策实施前不存在显著差异，即研究样本满足平行趋势假定。自贸试验区政策实施后，人才要素集聚、资本要素集聚、技术要素集聚以及数据要素集聚的 D_{it}^s 回归系数均显著为正，且在不断变大，这表明自贸试验区制度型开放对所在地区人才要素集聚、资本要素集聚、技术要素集聚以及数据要素集聚的显著促进作用见效快且集聚水平不断提高。

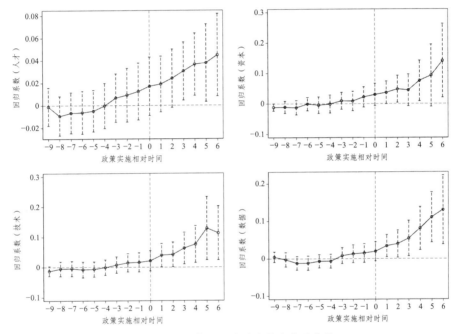

图 2　平行趋势检验和动态效应检验结果

（三）内生性问题

　　考虑到自贸试验区政策实施省份的选择与四种高端要素集聚之间可能存在双向因果关系，本文采用工具变量法处理潜在的内生性问题。参考韩振国、朱洪宇（2022）和柏培文、张云（2021）的研究思路，选择各省份历年夜间灯光数据和各省会城市到沿海港口的最短距离作为自贸试验区政策实施省份选择的工具变量。一般而言，地区夜间灯光总值越高，距离沿海港口越近，其开放程度越高。作为制度型开放的"试验田"，国家在选择自贸试验区政策实施省份时不可避免需要考虑这些因素，因此这两类工具变量满足相关性假设。此外，各省份历年夜间灯光数据和各省会城市到沿海港口的最短距离都是不随时间变化的截面数据，对当期高端要素集聚不产生影响，满足工具变量外生性假设。为了体现工具变量的时间变化趋势，引入时间趋势项 trend，令 trend = t - 2009 + 1 分别以各省份 1992 ~ 2008 年夜间灯光总值的平均值（对数处理）（IV1）、各省会城市到沿海港口的最短距离（IV2）与时间趋势项 trend 的交互项作为最终的工具变量。

　　表 5 为工具变量法二阶段最小二乘法的回归结果。可以看到，第一阶段回归结果表明各省份历年夜间灯光数据与时间趋势项的交互项系数显著为正，各省会城市到沿海港口的最短距离与时间趋势项的交互项系数显著为正。并且 Kleibergen - Paap rk Wald F 统计量大于 10，表明工具变量通过弱工具变量检验。第二阶段回归结果显示，Hansen J 检验 χ^2 统计值对应的 p 值均大于 0.1，表明接受所有工具变量都是外生的原假设，并且在加入工具变量后，人才要素集聚、资本要素集聚、技术要素集聚以及数据要素集聚的 DID 回归系数依旧都显著为正，与基准回归结果一致，说明在消除了内生性问题后，自贸试验区制度型开放仍显著推动所在地区人才、资本、技术及数据三种高端要素集聚，排除了基准回归结果是由样本选择偏差所导致的可能性。

表 5　　　　　　　　　　　　工具变量法检验结果

变量	第一阶段	第二阶段			
	DID	Ta_agg	Ca_agg	Te_agg	Da_agg
IV1 × trend	0.0211 ** (0.0087)				
IV2 × trend	- 0.0000 * (0.0000)				
DID		0.0726 *** (0.0216)	0.1928 *** (0.0587)	0.1649 *** (0.0567)	0.164 ** (0.0621)
控制变量	是	是	是	是	是
N	390	390	390	390	390
Kleibergen - Paap rk Wald F statistic	14.97				
Cragg - Donald Wald F statistic	21.32				
Kleibergen - Paap rk LM statistic p-value	0.0277				
Hansen J statistics χ^2 p-value		0.9077	0.5146	0.9986	0.6465
Endogeneity test p-value		0.0329	0.0067	0.0116	0.0166

注：括号内为 t 值，***、**、* 分别表示在 1%、5%、10% 的水平上显著。

（四）稳健性检验

1. 安慰剂检验

尽管本文已经在多期双重差分模型中加入一系列控制变量来评估自贸试验区制度型开放对高端要素集聚的净效应，但仍然可能存在一些未知因素对设立自贸试验区的省份和设立自贸试验区的时间造成影响，对此本文参考白俊红等（2022）的做法进行安慰剂检验：同时随机化实验组和政策时间。具体的，若在 t 年有 n 个省份设立了自贸试验区，就从所有样本中随机抽取 n 个省份作为新的实验组，同时从 2009 年至 t－1 年中随机抽取 1 年作为新的政策时间，在此基础上重新估计式（1），以此进行 500 次随机冲击，得到 500 个伪 DID 回归系数的核密度及其 p 分布。图 3 报告了安慰剂检验的结果。同时随机化处理过程中，四种高端要素集聚所生成的伪 DID 回归系数多数都集中分布在 0 附近，p 值大多也都大于 0.1，因此从反事实的角度证实了在伪政策实验组和伪政策时间的条件下，自贸试验区制度型开放不会推动高端要素集聚，实际政策效果与安慰剂检验结果存在显著差异，再次验证了自贸试验区制度型开放确实能够推动人才要素集聚、资本要素集聚、技术要素集聚以及数据要素集聚，该结论不受其他未知因素的干扰，即基准模型回归结果是稳健的。

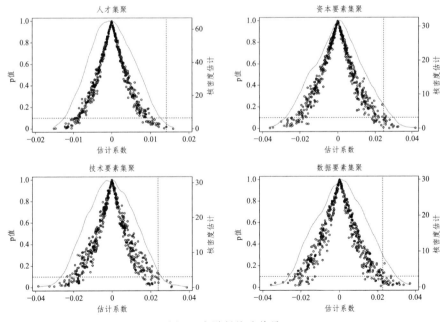

图 3　安慰剂检验结果

2. 排除其他政策干扰

中国的对外开放政策除了设立自贸试验区外，还包括其他区位导向性政策，这些政策在实施过程中可能会相互影响。为了排除其他制度型开放政策对本文实证结果的干扰，本文重点考虑了"一带一路"倡议和市场准入负面清单管理制度。"一带一路"倡议以实现共建国家间的互联互通为目标，市场准入负面清单管理制度是对境内投资管理模式的改革创新，二者同自贸试验区建设的底层逻辑相通，都旨在倒逼中国在深化改革过程中实现对标国际高标准经贸规则，稳步扩大对外开放来提升中国全球经济治理能力和水平，并对新阶段中国推进制度型开放提出更高要求。"一带一路"倡议于 2013 年提出，涵盖 18 个省级行政区。本文样本期内，除去西藏、香港、澳门、台湾地区外，设有自贸试验区的省级行政区中有 11 个同时实施了"一带一路"倡议。市场准入负面清单管理制度试点一共有 3 批，其中天津、上海、福建和广东在 2016 年开启第一批试点，黑龙江、吉林、辽宁、湖南、浙江、重庆、四川、河南、湖北、陕西和贵州在 2017 年开启第二批试点，2019 年试点推广至全国范围。具体地，在式（1）中分别加入"一带一路"倡议的虚拟变量 YDYL 和市场准入负面清单管理制度的虚拟变量 FMQD，回归结果如表 6 所示。结果表明，在考虑了"一带一路"倡议和市场准入负面清单管理制度的干扰后，四种高端要素集聚的 DID 回归系数仍然显著为正，表明自贸试验区制度型开放推动所在地区人才要素集聚、资本要素集聚、技术要素集聚以及数据要素集聚确实是由自贸试验区制度型开放所导致的。

表 6　　　　　　　　　　　排除其他政策干扰的回归结果

变量	排除"一带一路"倡议影响				排除市场准入负面清单制度影响			
	Ta_agg	Ca_agg	Te_agg	Da_agg	Ta_agg	Ca_agg	Te_agg	Da_agg
DID	0.0142*** (0.0036)	0.0246** (0.0113)	0.0239** (0.0099)	0.0226* (0.0112)	0.0146*** (0.0052)	0.0302** (0.0141)	0.0280** (0.0120)	0.0286** (0.0128)
YDYL	−0.0205*** (0.0060)	−0.0112 (0.0144)	−0.0141 (0.0139)	0.0034 (0.0125)				
FMQD					−0.0016 (0.0059)	−0.0174 (0.0125)	−0.0128 (0.0081)	−0.0180* (0.0097)
控制变量	是	是	是	是	是	是	是	是
N	390	390	390	390	390	390	390	390
R^2	0.988	0.921	0.929	0.905	0.987	0.921	0.929	0.906

注：括号内为 t 值，***、**、* 分别表示在 1%、5%、10% 的水平上显著。

3. 调整样本

进一步对样本进行调整：一是剔除海南自贸试验区样本：海南省在全省范围内设立自贸试验区，立足于以实施全面深化改革和试验最高水平开放政策的独特优势，稳步推进中国特色自由贸易港建设，相比其他自贸试验区更具有制度创新优势，据此，将海南自贸试验区样本剔除①。二是剔除直辖市样本：考虑到直辖市在政策扶持、经济发展基础以及资源禀赋等方面存在一定的优势，故将直辖市样本剔除。表 7 回归结果显示，人才要素集聚、资本要素集聚、技术要素集聚以及数据要素集聚的 DID 回归系数仍显著为正。

表 7　　　　　　　　　　　　　　　　　调整样本

变量	剔除海南自贸试验区样本				剔除直辖市样本			
	Ta_agg	Ca_agg	Te_agg	Da_agg	Ta_agg	Ca_agg	Te_agg	Da_agg
DID	0. 0153 ***	0. 0264 **	0. 0266 **	0. 0251 **	0. 0176 ***	0. 0266 **	0. 0277 **	0. 0262 **
	(0. 0041)	(0. 0119)	(0. 0102)	(0. 0116)	(0. 0045)	(0. 0119)	(0. 0101)	(0. 0111)
控制变量	是	是	是	是	是	是	是	是
N	377	377	377	377	338	338	338	338
R^2	0. 988	0. 922	0. 930	0. 910	0. 979	0. 899	0. 915	0. 877

注：括号内为 t 值，***、** 分别表示在 1%、5% 的水平上显著。

（五）异质性分析

设立自贸试验区是国家根据不同阶段制度型开放形势做出的战略决定，不同地理位置、不同战略定位以及自贸试验区制度创新水平不同，使得自贸试验区制度型开放推动高端要素集聚效果存在异质性。

1. 地理位置异质性

按照地理位置将设立自贸试验区划分为内陆自贸试验区和沿海自贸试验区。设定式（8）来检验地理位置异质性：

$$\text{Element\_agg}_{it} = \beta_0 + \beta_1 \text{DID}_{it} \times \text{inland}_{it} + \beta_2 \text{DID}_{it} \times \text{coastal}_{it}$$
$$+ \delta \text{Control}_{it} + \mu_i + \nu_t + \varepsilon_{it} \qquad (8)$$

式（8）中，inland_{it} 为内陆自贸试验区虚拟变量，coastal_{it} 为沿海自贸试验区虚拟变量。表 8 报告了地理位置异质性回归结果。结果显示，内陆自贸试验区人才要素集聚的回归系数在 5% 水平上显著为正，沿海自贸试验区人才要素集聚、资本要素集聚以及技术要素集聚均在 10% 水平上显著为正，说明内陆自贸试验区显著推动了人才要素集聚，沿海自贸试验区显著促进所在

---

① 考虑到海南自贸港在实施全面深化改革和试验最高水平开放政策上所具有的独特优势，本文在进一步分析中单独考察海南自贸港制度型开放对高端要素集聚的影响。

区域人才要素集聚、资本要素集聚和技术要素集聚，并且在推动人才要素集聚方面，沿海自贸试验区的推动作用较内陆自贸试验区好，这可能是因为，沿海地区本身存在区位优势和政策优势，工作生活等基础设施建设相对完善，产业发展也更加成熟，即使未设立自贸试验区，也是高端人才的首选地，因而相对于内陆自贸试验区，沿海自贸试验区推动人才要素集聚的效果更好。

表 8　　　　　　　　　　　　　　地理位置异质性回归结果

变量	Ta_agg	Ca_agg	Te_agg	Da_agg
DID × inland	0.0136 ** (0.0058)	0.0095 (0.0113)	0.0178 (0.0132)	0.0043 (0.0105)
DID × coastal	0.0144 * (0.0074)	0.0379 * (0.0204)	0.0291 * (0.0153)	0.0390 (0.0231)
控制变量	是	是	是	是
N	390	390	390	390
R^2	0.987	0.922	0.929	0.908

注：括号内为 t 值，**、* 分别表示在 5%、10% 的水平上显著。

2. 自贸试验区战略定位异质性

参考刘启仁等（2024）的研究，根据自贸试验区的战略定位将自贸试验区分为三类：以深化改革和对外开放（Reform）为战略定位的有上海、山东、江苏、浙江、湖北；以服务城市群建设（Serve）为战略定位的有北京、天津、河北、辽宁、黑龙江、广东；以连接区域—区域或国内—国际（Join）为战略定位的有福建、安徽、湖南、河南、广西、海南、重庆、四川、陕西、云南。设定式（9）来检验地理位置异质性：

$$Element\_agg_{it} = \beta_0 + \beta_1 DID_{it} \times Reform + \beta_2 DID_{it} \times Serve$$
$$+ \beta_3 DID_{it} \times Join + \delta Control_{it} + \mu_i + \nu_t + \varepsilon_{it} \quad (9)$$

表 9 报告了自贸试验区战略定位异质性回归结果。结果显示，以深化改革和对外开放为战略定位的自贸试验区显著促进了人才要素集聚、资本要素集聚、技术要素集聚以及数据要素集聚，以服务城市群建设为战略定位的自贸试验区显著促进了人才要素集聚和技术要素集聚，以连接区域—区域或国内—国际为战略定位的自贸试验区未能发挥对高端要素集聚的促进作用。对此可能的解释：一是以深化改革和对外开放为战略定位的自贸试验区整体经济水平较高，高端产业发展前景较好，对高端要素的吸引力较大，容易通过循环累积效应实现高端要素集聚。二是已有研究表明，产业集聚与人才集聚、技术集聚相互作用、相互促进，在以服务城市群建设为战略定位的自贸

试验区所涵盖的范围内，已经形成了一定的产业集聚规模，更有利于实现人才要素和技术要素的集聚。三是以连接区域—区域或国内—国际为战略定位的自贸试验区主要以对接"一带一路"、服务中部崛起为主要任务，在体制性创新方面以及政策效果落地方面较其他两个战略定位的自贸试验区弱势，因而其集聚高端要素能力也受到影响。总体上看，自贸试验区战略定位异质性结果表明，以深化改革和对外开放为战略定位的自贸试验区推动高端要素集聚的效果更好。

表 9　　　　　　　　　　　　自贸试验区战略定位异质性回归结果

变量	Ta_agg	Ca_agg	Te_agg	Da_agg
DID × Reform	0. 0302 *** （0. 0089）	0. 0773 *** （0. 0248）	0. 0415 *** （0. 0150）	0. 0743 * （0. 0378）
DID × Serve	0. 0200 *** （0. 0055）	0. 0224 （0. 0271）	0. 0465 * （0. 0243）	0. 0243 （0. 0187）
DID × Join	0. 0039 （0. 0063）	0. 0024 （0. 0107）	0. 0042 （0. 0120）	− 0. 0009 （0. 0105）
控 制 变 量	是	是	是	是
N	390	390	390	390
R^2	0. 988	0. 929	0. 932	0. 915

注：括号内为 t 值，*** 、* 分别表示在 1%、10% 的水平上显著。

3. 自贸试验区制度创新水平异质性

根据中山大学自贸试验区综合研究院发布的"2020—2021 年度中国自由贸易试验区制度创新指数"，以制度创新指数的平均值为划分界线，将自贸试验区划分为低制度创新水平自贸试验区和高制度创新水平自贸试验区。设定式（10）来检验自贸试验区制度创新水平异质性：

$$Element\_agg_{it} = \alpha_0 + \beta_1 DID_{it} \times index1 + \beta_2 DID_{it} \times index2$$
$$+ \delta Control_{it} + \mu_i + \nu_t + \varepsilon_{it} \qquad (10)$$

式（10）中，index1 为低制度创新水平自贸试验区虚拟变量，index2 为高制度创新水平自贸试验区虚拟变量。表 10 列举了自贸试验区制度创新水平异质性回归结果。结果显示，低制度创新水平自贸试验区显著促进人才、资本和技术要素集聚，高制度创新水平自贸试验区显著促进人才要素集聚和数据要素集聚。对此可能的原因是，低制度创新水平自贸试验区由于自身发展水平相对较低，在消除原有的体制机制障碍和完善基础设施等方面仍需要多种要素的支撑。而对于具有高制度创新水平的自贸试验区而言，则需要吸引更多的高端人才为经济发展创造新的竞争优势。

表 10　　　　　　　　　自贸试验区制度创新水平异质性回归结果

变量	Ta_agg	Ca_agg	Te_agg	Da_agg
DID × index1	0.0153 ** (0.0066)	0.0336 * (0.0182)	0.0279 ** (0.0114)	0.0273 (0.0216)
DID × Index2	0.0126 * (0.0066)	0.0141 (0.0165)	0.0192 (0.0169)	0.0173 (0.0145)
控制变量	是	是	是	是
N	390	390	390	390
R^2	0.987	0.922	0.929	0.905

注：括号内为 t 值，** 、* 分别表示在 5%、10% 的水平上显著。

五、影响机制验证：市场环境调节效应

前文的实证结果表明，自贸试验区制度型开放能够推动所在地区的人才要素集聚、资本要素集聚、技术要素集聚以及数据要素集聚，接下来将对自贸试验区制度型开放影响高端要素集聚的调节路径进行探究。基于前文对假说 2 的分析，从市场环境的四个视角进行检验。

（一）减轻市场负担

表 11 列（1）至列（4）分别报告了市场负担在自贸试验区制度型开放影响高端要素集聚中的调节作用。结果显示，表 11 列（1）、列（2）、列（4）DID × Burden 交互项的回归系数均显著为负，表明市场负担越重，越会抑制自贸试验区制度型开放的人才、资本和数据要素集聚效应，列（3）DID × Burden 交互项的回归系数为负但不显著，表明市场负担减轻未能显著促进自贸试验区制度型开放对技术要素集聚的推动作用。综上所述，假说 H2a 部分成立。自贸试验区在转变政府职能方面不断进行制度创新，采取国际贸易"单一窗口"、海关一体化、工程项目审批等领域的全流程制度优化等一系列措施，结合"互联网＋政务服务"等新模式，不断提高政务服务水平，有效降低了市场主体的制度性交易成本，使得人才、资本、数据等要素不断向自贸试验区集聚。

表 11　　　　　　　　　调节效应：市场负担和市场扭曲

变量	市场负担				市场扭曲			
	（1）	（2）	（3）	（4）	（5）	（6）	（7）	（8）
	Ta_agg	Ca_agg	Te_agg	Da_agg	Ta_agg	Ca_agg	Te_agg	Da_agg
DID	0.0281 ** (0.0112)	0.0906 ** (0.0340)	0.0554 ** (0.0267)	0.1071 ** (0.0458)	0.0138 *** (0.0038)	0.0237 ** (0.0112)	0.0227 ** (0.0097)	0.0226 ** (0.0108)

续表

变量	市场负担				市场扭曲			
	（1）	（2）	（3）	（4）	（5）	（6）	（7）	（8）
	Ta_agg	Ca_agg	Te_agg	Da_agg	Ta_agg	Ca_agg	Te_agg	Da_agg
Burden	−0.0982 （0.0896）	−0.1846 （0.3160）	−0.2386 （0.2821）	0.0309 （0.2351）				
DID × Burden	−0.2047* （0.1134）	−0.9148** （0.3772）	−0.4636 （0.2805）	−1.1223** （0.4947）				
Distortion					−0.0002*** （0.0001）	−0.0004* （0.0002）	−0.0006*** （0.0002）	−0.0002 （0.0002）
DID × Distortion					−0.0010*** （0.0002）	−0.0002 （0.0008）	−0.0010** （0.0004）	−0.0017*** （0.0005）
控制变量	是	是	是	是	是	是	是	是
N	390	390	390	390	390	390	390	390
R^2	0.987	0.927	0.932	0.915	0.988	0.922	0.932	0.908

注：括号内为 t 值，*** 、** 分别表示在 1% 、5% 的水平上显著。

（二）纠正市场扭曲

表 11 列（5）至列（8）分别报告了市场扭曲在自贸试验区制度型开放影响高端要素集聚中的调节作用。可以看到，表 11 中列（5）、列（7）、列（8）DID × Distortion 交互项的回归系数均显著为负，表明要素市场扭曲程度越低，越有利于实现自贸试验区制度型开放的人才、技术和数据要素集聚效应。列（6）DID × Distortion 交互项的回归系数为负但不显著，表明市场扭曲程度降低未能显著促进自贸试验区制度型开放对资本要素集聚的推动作用，这可能是因为，自贸试验区建设初期对外资和本地资本进入的筛选机制还不完善，导致低质量资本要素占比较大，因而即使市场扭曲程度有所改善，在短时间内也较难缓解低质量资本对高质量资本的挤出，从而影响自贸试验区制度型开放集聚高质量资本要素的效果。综上所述，假说 H2b 部分成立。

（三）挖掘市场潜能

表 12 列（1）至列（4）分别报告了市场潜能在自贸试验区制度型开放影响高端要素集聚中的调节作用。结果表明，各列 DID × Potential 的回归系数均显著为正，说明市场潜能越大，自贸试验区制度型开放推动高端要素集聚的作用越强。假说 H2c 成立，即市场潜能在自贸试验区制度型开放对高端要素集聚的影响中发挥正向调节作用。自贸试验区制度型开放将国内国际双

循环与自贸试验区建设结合起来，凭借国内大市场优势，拓宽国内国外市场
规模，通过加快技术引进和模仿创新，不断消除制约高端要素流动的障碍，
以区域内知识、技术密集型产业集聚倒逼高端要素集聚。

表 12　　　　　　　　　　　　　调节效应：市场潜能和市场活力

变量	市场潜能				市场活力			
	（1）	（2）	（3）	（4）	（5）	（6）	（7）	（8）
	Ta_agg	Ca_agg	Te_agg	Da_agg	Ta_agg	Ca_agg	Te_agg	Da_agg
DID	−0.2408*** (0.0658)	−0.5927** (0.2259)	−0.3499** (0.1355)	−0.5420** (0.2432)	0.0005 (0.0097)	−0.0412* (0.0226)	0.0029 (0.0181)	−0.0521* (0.0286)
Burden	−0.0446 (0.0639)	0.3127 (0.2677)	0.2036 (0.2776)	0.2648 (0.2214)				
DID × Burden	0.0355*** (0.0092)	0.0852** (0.0315)	0.0516** (0.0189)	0.0780** (0.0343)				
Distortion					−0.0101 (0.0194)	0.0109 (0.0632)	0.0678 (0.0412)	−0.0385 (0.0616)
DID × Distortion					0.0277 (0.0187)	0.1336** (0.0563)	0.0415 (0.0441)	0.1527** (0.0697)
控制变量	是	是	是	是	是	是	是	是
N	390	390	390	390	390	390	390	390
R^2	0.988	0.935	0.935	0.920	0.987	0.928	0.932	0.915

注：括号内为 t 值，***、**、*分别表示在 1%、5%、10%的水平上显著。

（四）激发市场活力

表 12 列（5）至列（8）分别报告了市场活力在自贸试验区制度型开放
影响高端要素集聚中的调节作用。可以看到，列（6）、列（8）各列 DID ×
Vitality 的回归系数均显著为正，说明市场活力的提升能够强化自贸试验区制
度型开放的资本要素集聚效应和数据要素集聚效应。列（5）和列（7）DID ×
Vitality 交互项的回归系数为正但不显著，表明市场活力提升未能显著促进自
贸试验区制度型开放对人才和技术要素集聚的推动作用。综上所述，假说
H2d 部分成立。得益于准入前国民待遇加负面清单管理制度等政策的实施，
自贸试验区内市场活力随着区域内市场主体数量的增加而不断提升，外资企
业与内资企业之间的有序竞争，使得优胜劣汰的市场机制充分发挥作用，推
动生产要素向高生产率企业集聚，使得资本要素和数据要素资源配置效率得
以提升。

六、进一步分析：海南自由贸易港制度型开放的考察

2020 年习近平总书记对海南自贸港建设作出进一步指示，"对接国际高水平经贸规则，促进生产要素自由便利流动，高质量高标准建设自由贸易港"[①]。定位于中国对接最高标准国际经贸规则、稳步扩大制度型开放的最前沿，海南自贸港具有发展潜力大、开放起点高等制度优势，但由于发展基础相对薄弱，当前的建设任务较多且压力较大，在制度创新，尤其是制度集成创新上仍然面临着更多困难。然而更加值得注意的是，海南自贸港建设始终将制度集成创新摆在突出位置，贡献了较多"全国首创"制度集成创新成果。作为海南自贸港建设的关键抓手，制度集成创新也为海南自贸港集聚全球高端生产要素创造更多优势。

在前文基准回归的稳健性检验中，剔除海南自贸试验区后，自贸试验区制度型开放推动人才、资本、技术以及数据四种高端要素集聚的结论仍然成立。作为全国唯一一个以全岛参与建设自贸试验区、自贸港的区域，海南自贸港拥有其他自贸试验区所不具备的政策和制度优势，那么其推动高端要素集聚的表现如何？针对这一问题，本部分将单独考察海南自贸港制度型开放对高端要素集聚的影响。

对比双重差分法和合成控制法两种政策评估方法，双重差分法适用条件比较苛刻，要求处理组和对照组具有相同的特征趋势，容易造成对照组的主观选择偏误，而合成控制法通过对控制组进行数据处理并赋予权重来构建一个与处理组特征相似的反事实对象进行比较，能够更好地保证评估效果的可靠性（Abadie et al.，2010）。因此，这里采用合成控制法，基于 2009~2021 年的人才、资本、技术以及数据四种高端要素集聚水平对海南自贸港政策效果进行合成控制估计。根据 2018 年国务院印发的《中国（海南）自由贸易试验区总体方案》，这里将 2018 年作为海南自贸港建设的起点，以保证政策效果的连续性。

图 4 为合成控制法的结果[②]，其中实线代表真实海南的高端要素集聚路径，虚线代表合成海南的高端要素集聚路径，垂直虚线代表海南自贸港建设开始时间，即 2018 年。结果显示，在海南自贸港建设开始前，真实海南和合成海南的人才、资本和数据要素集聚路径的变动趋势基本一致，说明合成控制法拟合效果较好，自贸港建设开始后，路径均发生了明显的分离，且真

---

① 《习近平对海南自由贸易港建设作出重要指示强调 要把制度集成创新摆在突出位置 高质量高标准建设自由贸易港》，载《人民日报》2020 年 6 月 2 日 01 版。
② 这里参考刘甲炎、范子英（2013）的做法，选取权重为零、各方面与海南差异较大的福建省作为新处理组，进行安慰剂检验。安慰剂检验结果表明海南自贸港制度型开放能够推动人才、资本以及数据三种高端要素集聚的结果是稳健的。限于篇幅原因在文中未报告，备查。

实海南始终在合成海南上方，而合成海南的技术要素集聚路径在自贸港建设开始前的拟合效果并不理想，并且真实值在合成值下方，表明海南自贸港建设尚未显现出技术要素集聚效应。综合上述结果，初步认为海南自贸港制度型开放能够推动人才、资本以及数据三种高端要素集聚。表 13 报告了 2018~2021 年海南自贸港影响人才、资本以及数据要素集聚的处理效应。对比表 7剔除海南自贸试验区样本后的回归结果，可以看到，海南自贸港推动资本要素集聚的净效应较其他自贸区要大，而人才要素集聚的优势才刚刚表现出来，数据要素集聚效应的净效应仍然小于其他自贸区。可见，海南自贸港建设仍然需要将制度集成创新摆在突出的位置，充分发挥制度优势，更好地推动各种高端要素在自贸港内实现集聚。

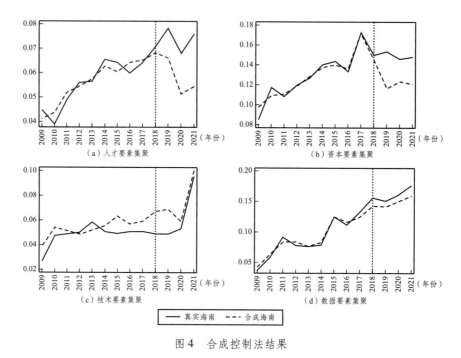

图 4　合成控制法结果

表 13　　　　　　　　海南自贸港影响高端要素集聚的处理效应

年份	Ta_agg	Ca_agg	Da_agg
2018	0.0025	0.0048	0.0130
2019	0.0123	0.0370	0.0094
2020	0.0167	0.0230	0.0107
2021	0.0215	0.0272	0.0177

当前，海南自贸港已经初步构建了以"零关税、低税率、简税制"和

"五自由便利一安全有序流动"为主要特征的自贸港政策制度体系,这为海南自贸港推动高端要素集聚提供了制度保障。为了更好地吸引和留住人才,海南自贸港出台宽松便利的人员出入境管理制度,进一步扩大外籍人员免签入境事由;实施"百万人才进海南"战略,建立了以市场为导向的人才评价机制;开放客运第七航权,较好地畅通了外籍人才来华学习工作的渠道。此外,海南自贸港围绕扩大教育对外开放,设立海南陵水黎安国际教育创新试验区,坚持引进国内外高校,以国际化的教育资源和人才培养模式吸引和培育国际化、高素质人才。在贸易投资便利化自由化方面,海南自贸港推出"一负三正"清单管理和鼓励类产业目录管理,以"零关税"等税收优惠政策安排为企业减轻税收征纳压力;推出全国首个国际投资"单一窗口"以及最简外商投资准入负面清单,优化境外投资者在境内的办事效率,通过打造可预期的、公开透明的投资环境汇聚更多国内外优质资本。而在数据要素集聚方面,一方面,以转变政府职能为目标,海南自贸港利用数字技术实现"一网通办""多规合一""无感监管"等制度创新,打造全国首创个人数字空间,依托"海易办"和"海政通"两个平台强化政府服务效率;另一方面,海南自贸港积极探索现代信息技术与现代产业体系建设的深度融合,推动传统产业数字化转型,催生高新技术产业等新兴业态,数据要素加快集聚。

七、结论及政策建议

稳步推进制度型开放是新时代中国全面深化改革和扩大开放的必然要求,以制度型开放推动高端要素向自贸试验区集聚,对中国实现全球价值链攀升、深度参与全球产业分工与合作具有重要意义。本文基于中国 2009～2021 年 30 个省份的面板数据,以自贸试验区建设作为中国制度型开放的准自然实验,运用双重差分法系统考察了制度型开放对高端要素集聚的影响机理和调节效应,并进一步采用合成控制法单独考察海南自贸港建设对高端要素集聚的影响。研究发现:一是自贸试验区制度型开放对人才要素集聚、资本要素集聚、技术要素集聚以及数据要素集聚有显著的推动作用。该结论在经过工具变量法、安慰剂检验、排除其他政策干扰等一系列检验后仍然成立。二是沿海自贸试验区以及以深化改革和对外开放为功能定位的自贸试验区推动高端要素集聚的效果更好,而随着制度创新的不断推进,各自贸试验区制度型开放对不同要素集聚的推动作用存在差异。三是市场环境的改善能够正向调节自贸试验区制度型开放与高端要素集聚的关系。具体来说,市场负担越重、市场扭曲程度越深,越会抑制自贸试验区制度型开放的高端要素集聚效应,而市场潜能和市场活力越大,越有利于自贸试验区制度型开放实现高端要素集聚。四是进一步地,采用合成控制法单独对海南自贸港的高端要素集聚效应进行分析，结果显示，海南自贸港制度型开放对高端要素集聚也有显著的推动作用，但相较于其他自贸试验区，海南自贸港在资本要素集聚方面的表现更为突出，而人才要素集聚和数据要素集聚效应还未表现出优势。

基于本文的研究结论，提出以下建议：第一，继续发挥制度创新优势，稳步推进制度型开放。继续加大推进对接国际高标准经贸规则的力度，更加积极主动参与国际经贸规则的制定，充分发挥自贸试验区、自贸港的平台效应，强化系统性、集成性制度创新理念，在更大范围、更多领域开放货物贸易和服务贸易，为全球经济治理提供更加开放包容、治理有效的中国经验，提高中国在国际竞争中的话语权，推动中国建设更高水平开放型经济新体制。第二，发扬长处，补齐短板，逐步释放自贸试验区制度型开放推动高端要素集聚的红利。一方面，进一步降低人才、资本和数据要素流入门槛，出台更加宽松便利的政策吸引高端要素流向国内市场，加快完善高端要素集聚所需的配套政策支持和软硬件支撑；另一方面，结合产业结构升级和数字化转型目标，营造良好的技术创新氛围，帮助市场主体引进并消化吸收国内外先进技术要素，尽快释放自贸试验区制度型开放对技术要素集聚的推动作用。第三，以自贸试验区为载体，提高自主培育高端要素的能力。因地制宜地重点培育与自贸试验区功能定位、地理区位以及制度创新水平相匹配的高端要素。对内鼓励本土企业走出去学习国外先进技术，通过技术逆向溢出效应推动国内技术要素集聚。对外引进总部经济，以自贸试验区政策红利叠加总部经济整合和配置全球高端要素的能力，以此来获得培育更具竞争力生产要素的国际经验，提升自贸试验区要素市场国际化水平。第四，加快构建高标准市场体系，营造公平公正的市场环境。利用好"互联网＋"数字技术，持续优化政府政务服务水平，最大限度减少政府对市场的干预行为，不断发挥"服务型政府"职能。加快健全市场监管体系，完善法律法规以规范和约束市场主体行为。此外，还应加快实现国内市场与国外市场规则互认，消除要素流动的各种隐性和显性壁垒，同时不断健全完善相应的知识产权保护制度机制，确保市场主体依法公平地获取各类高端生产要素。第五，继续推进中国特色自由贸易港建设，打造中国制度型开放集聚高端要素的最高平台。海南自贸港应积极探索更加开放便利的政策来吸引全球高端人才、优质资本、前沿技术以及数据要素。加快发展现代生物医药、新材料、数字经济等重点新兴产业，先行先试国际更高标准经贸规则，做好高水平开放的压力测试，在更多领域、更大范围挖掘高端要素发展潜能，为中国制度型开放提供"海南样板"。

参 考 文 献

[1] 白俊红、张艺璇、卞元超：《创新驱动政策是否提升城市创业活跃度——来自国家

创新型城市试点政策的经验证据》，载《中国工业经济》2022 年第 6 期。

[2]　白俊红、王钺、蒋伏心等：《研发要素流动、空间知识溢出与经济增长》，载《经济研究》2017 年第 7 期。

[3]　柏培文、张云：《数字经济、人口红利下降与中低技能劳动者权益》，载《经济研究》2021 年第 5 期。

[4]　曹亚军：《要素市场扭曲如何影响了资源配置效率：企业加成率分布的视角》，载《南开经济研究》2019 年第 6 期。

[5]　陈英武、孙文杰、张睿：《"结构—特征—支撑"：一个分析现代化产业体系的新框架》，载《经济学家》2023 年第 4 期。

[6]　戴翔、张二震：《"一带一路"建设与中国制度型开放》，载《国际经贸探索》2019 年第 10 期。

[7]　郭贝贝、董小君：《新发展格局下制度型开放的逻辑、内涵和路径选择》，载《行政管理改革》2022 年第 4 期。

[8]　郭澄澄：《高标准国际规制下的我国高水平制度型开放——影响机制、风险研判和应对措施》，载《经济学家》2022 年第 12 期。

[9]　郭金花、郭淑芬：《创新人才集聚、空间外溢效应与全要素生产率增长——兼论有效市场与有为政府的门槛效应》，载《软科学》2020 年第 9 期。

[10]　韩振国、朱洪宇：《自由贸易试验区：制度优势或政策陷阱——基于夜间灯光数据的时空分析》，载《经济学家》2022 年第 4 期。

[11]　贺京同、高林：《企业所有权、创新激励政策及其效果研究》，载《财经研究》2012 年第 3 期。

[12]　何颖、李思然：《"放管服"改革：政府职能转变的创新》，载《中国行政管理》2022 年第 2 期。

[13]　黎峰：《国内自由贸易试验区制度型开放的实践探索及推进思路——基于 CPTPP 规则的比较》，载《经济体制改革》2023 年第 3 期。

[14]　李敦瑞：《国内外产业转移对我国产业迈向全球价值链中高端的影响及对策》，载《经济纵横》2018 年第 1 期。

[15]　李平、乔友群、张静婷：《制度型开放如何促进技术创新——来自中国省际面板的证据》，载《南开经济研究》2023 年第 7 期。

[16]　李蕊、敖译雯、李智轩：《自由贸易区设立对外商直接投资影响的准自然实验研究》，载《世界经济研究》2021 年第 8 期。

[17]　刘秉镰、朱俊丰、周玉龙：《中国区域经济理论演进与未来展望》，载《管理世界》2020 年第 2 期。

[18]　刘和东、刘繁繁：《要素集聚提升高新技术产业绩效的黑箱解构——基于经济高质量发展的门槛效应分析》，载《科学学研究》2021 年第 11 期。

[19]　刘甲炎、范子英：《中国房产税试点的效果评估：基于合成控制法的研究》，载《世界经济》2013 年第 11 期。

[20]　刘啟仁、吴绍永、叶承辉：《自由贸易试验区建设与企业供应链风险——基于供需平衡视角》，载《国际贸易问题》2024 年第 2 期。

[21]　吕洪燕、陈红梅、乔金杰：《制度型开放对企业效率的影响及机制研究》，载《软科学》2022 年第 9 期。

[22] 聂正彦、秦文宇、陈凯达：《制度型开放对城市经济效率的影响研究——基于自由贸易试验区设立的经验》，载《经济纵横》2023 年第 10 期。

[23] 庞瑞芝、张帅、王群勇：《数字化能提升环境治理绩效吗？——来自省际面板数据的经验证据》，载《西安交通大学学报（社会科学版）》2021 年第 5 期。

[24] 裴长洪、刘斌：《中国对外贸易的动能转换与国际竞争新优势的形成》，载《经济研究》2019 年第 5 期。

[25] 邱康权、陈静、吕雁琴：《中国营商环境综合发展水平的测度、地区差异与动态演变研究》，载《数量经济技术经济研究》2022 年第 2 期。

[26] 孙红雪、朱金鹤：《自由贸易试验区设立能否增强中国产业链韧性？——基于多种创新要素集聚的中介机制检验》，载《现代经济探讨》2023 年第 11 期。

[27] 孙健、尤雯：《人才集聚与产业集聚的互动关系研究》，载《管理世界》2008 年第 3 期。

[28] 孙军：《地区市场潜能、出口开放与我国工业集聚效应研究》，载《数量经济技术经济研究》2009 年第 7 期。

[29] 孙鹏、李岱军：《服务贸易、营商环境与 FDI 质量——基于服务贸易创新发展试点的准自然实验》，载《国际商务（对外经济贸易大学学报）》2023 年第 5 期。

[30] 王明益、姚清仿：《自由贸易试验区建设如何影响城市资源配置效率》，载《国际贸易问题》2022 年第 6 期。

[31] 王素素、卢哲凡、卢现祥：《中国创新要素集聚水平测度、空间差异及形成机理》，载《贵州财经大学学报》2022 年第 5 期。

[32] 王一乔、赵鑫、杨守云：《金融集聚对产业结构升级的非线性影响研究》，载《工业技术经济》2020 年第 5 期。

[33] 王永进、李坤望、盛丹：《契约制度与产业集聚：基于中国的理论及经验研究》，载《世界经济》2010 年第 1 期。

[34] 吴超鹏、唐茹：《知识产权保护执法力度、技术创新与企业绩效——来自中国上市公司的证据》，载《经济研究》2016 年第 11 期。

[35] 吴信坤：《高级生产要素积累与对外直接投资规模》，载《世界经济研究》2018 年第 11 期。

[36] 吴杨伟、王胜：《再论比较优势与竞争优势》，载《经济学家》2018 年第 11 期。

[37] 吴志成：《经济全球化演进的历史逻辑与中国的担当作为》，载《世界经济与政治》2023 年第 6 期。

[38] 熊芳、童伟伟：《新时代我国制度型开放变革的进展与进路》，载《经济学家》2024 年第 1 期。

[39] 杨剑、张威、张丹：《制度型开放注意力配置研究——基于自贸试验区方案文本》，载《国际经济合作》2021 年第 3 期。

[40] 杨洋、魏江、罗来军：《谁在利用政府补贴进行创新？——所有制和要素市场扭曲的联合调节效应》，载《管理世界》2015 年第 1 期。

[41] 于文超、梁平汉：《不确定性、营商环境与民营企业经营活力》，载《中国工业经济》2019 年第 11 期。

[42] 张洪胜、谢月星、杨高举：《制度型开放与消费者福利增进——来自跨境电商综试区的证据》，载《经济研究》2023 年第 8 期。

［43］ 张杰、付奎：《信息网络基础设施建设能驱动城市创新水平提升吗？——基于"宽带中国"战略试点的准自然试验》，载《产业经济研究》2021 年第 5 期。

［44］ 张杰、周晓艳、李勇：《要素市场扭曲抑制了中国企业 R&D?》，载《经济研究》2011 年第 8 期。

［45］ 卓乘风、毛艳华：《制度型开放与城市经济韧性》，载《国际贸易问题》2023 年第 4 期。

［46］ Abadie, A., Diamond, A., and Hainmueller, J., 2010: Synthetic Control Methods for Comparative Case Studies: Estimating the Effect of California's Tobacco Control Program, *Journal of the American Statistical Association*, Vol. 105, No. 490.

［47］ Acemoglu, D., Johnson, S., and Robinson, J., 2005: The Rise of Europe: Atlantic Trade, Institutional Change, and Economic Growth, *American Economic Review*, Vol. 95, No. 3.

［48］ Bas, M. and Strauss-kahn, V., 2014: Does Importing More Inputs Raise Exports? Firm-level Evidence from France, *Review of World Economics*, Vol. 150, No. 2.

［49］ Boldrin, M. and Levine, D. K., 2004: Rent-seeking and Innovation, *Journal of Monetary Economics*, Vol. 51, No. 1.

［50］ Chen, H., Yuan, B., and Cui, Q., 2021: Does the Pilot Free Trade Zone Policy Attract the Entering of Foreign-invested Enterprises? The Evidence from China, *Applied Economics Letters*, Vol. 28, No. 14.

［51］ Ellison, G., Glaeser, E. L., and Kerr, W. R., 2010: What Causes Industry Agglomeration? Evidence from Coagglomeration Patterns, *American Economic Review*, Vol. 100, No. 3.

［52］ Ferguson, S. and Formai, S., 2013: Institution-driven Comparative Advantage and Organizational Choice, *Journal of International Economics*, Vol. 90, No. 1.

［53］ Jacobson, L. S., Lalonde, R. J., and Sullivan, D. G., 1993: Earnings Losses of Displaced Workers, *The American Economic Review*, Vol. 83, No. 4.

［54］ Krishna, P. and Levchenko, A., 2013: Comparative Advantage, Complexity, and Volatility, *Journal of Economic Behavior & Organization*, Vol. 94, No. C.

［55］ Lee, B. K. and Sohn, S. Y., 2019: Disparities in Exploitative and Exploratory Patenting Performance across Regions: Focusing on the Roles of Agglomeration Externalities, *Papers in Regional Science*, Vol. 98, No. 1.

［56］ Ruiz-ortega, M. J., Parra-requena, G., and García-villaverde, P. M., 2016: Do Territorial Agglomerations Still Provide Competitive Advantages? A Study of Social Capital, Innovation, and Knowledge, *International Regional Science Review*, Vol. 39, No. 3.

Institutional Openness and High-End Elements Agglomeration

Peng Sun　　Yanfang Wu

Abstract：Promoting institutional openness is an important strategic choice for

China to deal with the unfavorable international situation. Guiding by openness and with institutional innovation as its core, the construction of Pilot Free Trade Zones (PFTZs) becomes an important carrier of institutional openness. In the new era, how the institutional openness of PFTZs can promote the agglomeration of high-end factors through market mechanisms is worthy of in-depth discussion. Based on panel data from 2009 to 2021, taking the construction of PFTZs as a quasi-natural experiment of China's institutional openness, this paper uses the difference-in-differences (DID) method to systematically investigates the influence mechanism and moderating effect of institutional openness on the agglomeration of high-end factors. It is found that the institutional openness of PFTZs has significantly promoted the agglomeration of talent elements, capital elements, technical elements and data elements. This conclusion still holds after a series of robustness tests. The results of heterogeneity analysis show that the agglomeration effect of high-end factors in the coastal PFTZs and the PFTZs with the function orientation of deepening reform and opening-up is more obvious. The analysis of the moderating effect shows that the improvement of market environment in terms of market burden, market distortion, market potential and market vitality can positively adjust the agglomeration effect of high-end factors resulting from the institutional openness of PFTZs. Further research finds that, taking free trade ports as a separate carrier of institutional openness, compared with other free trade zones, the current construction of Hainan Free Trade Port has a more significant effect on promoting the agglomeration of capital elements, but the agglomeration effect of technology factors has not yet emerged.

This paper provides a reference for clarifying the relationship between institutional openness and high-end elements agglomeration of PFTZs, promoting a higher-level and higher-quality openness to the outside world and participating in the reform of the global economic governance system.

Keywords: Institutional Openness　Pilot Free Trade Zone　High-End Elements Agglomeration　Market Environment　Free Trade Port

JEL Classification: F29　F41　O24

第 24 卷第 1 辑　　　　　　产业经济评论（山东大学）　　　　　Vol. 24　No. 1

2025 年 3 月　　　　　　　Review of Industrial Economics　　　　　March 2025

我国破产重整"抢救"型税制探讨

——构建机理、基本内容及其路径

柳雪梅[*]

摘　要： 我国现行企业税制与重整制度之间存在着明显的不协调问题，这在很大程度上制约了重整制度的有效实施，要从根本上解决这一问题需要构建一套与之相适应的破产"抢救"型税制。破产重整"抢救"型税制是相对于正常经营状态下企业税制而言，为保障重整制度的有效实施而对处于破产重整阶段的企业施行的一种特殊税制，其基本特点是国家征税权的适度限缩，各项审批程序更加简便，税院之间的密切协调与配合。构建我国破产重整"抢救"型税制既有来自重整实践的客观需求，也有其自身的内在逻辑，更有域外国家（地区）的立法先例。其基本内容，一是要针对重整不同阶段建立相应的特殊税收处理制度（包括涉税债权的让步制度和涉税债务的优惠制度），二是应对各项特殊税收处理设置更加简便的审批程序。涉税债权让步制度的构建应主要通过对现行税收征管法律、法规的修改和完善来实现，而涉税债务优惠制度则应通过拓展和完善现行有关改制重组的税收优惠政策来实现，并同时规定相应的特别审批制度，此外，构建破产重整税制还应处理好其与现行企业税制、反避税及纳税信用修复的关系。

关键词： 破产重整　税制　税收债权让步　税收优惠

破产重整是现代破产法上的一项旨在挽救破产企业以使其摆脱财务困境并重获经营能力的法律制度。相较于传统的破产清算，通过对一些具有重整价值、有再生希望且符合法定条件的破产企业实施重整，使其获得重生的机会，可最大限度地避免因破产清算所带来的企业债务和职工失业问题。因其独特的优势，重整已经成为当前我国处置破产企业的一种重要选择。重整的有效性要受到多种因素的制约，其中良好的税制环境是重要的因素之一。但是我国现行企业税制却缺乏与重整相适应的制度规定，这导致了两个制度之间存在着明显的不协调问题，突出地表现为以筹集财政资金为目的现行企业税制，主要按照正常经营企业进行制度设计，未能体现重整制度为挽救破产企业对企业税制的特殊需求，这已在很大程度上制约了我国破产重整制度的

──────────

＊ 感谢匿名审稿人的专业修改意见！

柳雪梅：山东工商学院；地址：山东省烟台市滨海中路191号，邮编264005；E-mail：xmliu@163. com。

有效实施。尽管国家税务总局出台了相关政策，允许重整可以适用企业重组的相关税收优惠政策，但两个制度之间不协调的问题依然无法得到彻底解决。

从重整制度的设立目的以及重整企业自身特点出发，要从根本上消除两个制度之间的不协调问题，有必要对现行企业税制做进一步完善和补充，构建一套系统化的与破产重整制度相适应的特殊"抢救"型税制。本文拟对该制度构建的必要性、基本特征和内容等问题做一些粗浅探讨。

一、我国现行企业税制与破产重整制度之间的不协调性

（一）我国破产重整缺乏特殊税制的支持

2006 年 8 月 26 日第十届全国人民代表大会常务委员会第二十三次会议通过的《中华人民共和国企业破产法》（以下简称《企业破产法》）在我国正式确立了破产重整制度。该制度的主要内容是在法院的主持及多方利害关系人的共同参与下，依法对债务人生产经营进行整顿和对债权债务关系或资本结构进行调整，目的是防止濒临危困的债务人进入破产清算，积极挽救危困债务人使其摆脱困境。但债务人能否通过重整真正摆脱困境则要受到多种因素的影响，其中良好的税制环境是十分重要的因素之一。

然而我国现行企业税制特别是所得税制主要是按照企业正常经营状态的特点设计的，极少考虑企业特殊阶段（如设立和退出）的征税特点。现行《中华人民共和国企业所得税法》（以下简称《企业所得税法》）无论在实体规范方面还是在程序规范方面均没有提及"重整"这一概念，也未在其他规范性文件层面出台具有实质意义的与重整有关的特殊税收政策，与重整的有关的税收征管只能执行正常经营企业税收征管制度。一方面，基于破产重整制度设立的特殊目的以及破产重整企业的特点，破产重整有赖于特殊税收政策的支持；另一方面，基于财政中心主义的立法目的，我国现行企业税制主要按照正常经营企业进行制度设计，未考虑破产重整税收征管的特殊制度需求。这在很大程度上制约了重整制度的有效实施，甚至一些破产重整案件因税收问题受阻导致程序无法继续推进。

（二）国家税务总局《对十二届全国人大五次会议第 7352 号建议的答复》的局限性

针对破产重整对特殊税收政策的现实需求，《十二届全国人大五次会议第 7352 号建议》提出，应"区分企业正常经营与破产清算、破产重整的税费征收标准，明确对破产重整企业减免征收的税费种类、征收率及税收优惠等，加大对企业破产重整的税收政策支持"，"出台破产重整企业资产保有环

节房产税、土地使用税等优惠政策"，"修订《税收征管法》，将破产企业的税收管理单列，明确税务机关按《企业破产法》规定申报、受偿税收债权"。为将建议落到实处，国家税务总局于 2017 年 12 月 25 日发布了《对十二届全国人大五次会议第 7352 号建议的答复》（以下简称《答复》），明确"现行税收政策针对企业重组实施了一系列优惠，破产重整企业涉及重组活动的，可以享受这些优惠政策。"同时明确了相关优惠政策的具体适用范围。尽管《答复》在一定程度上满足了破产重整案件处理过程中的部分特殊政策需求，但却存在着诸多的局限性。主要体现在：

1.《答复》适用中存在潜在的法律风险

重整与重组并非同一概念。尽管二者存在很多相似之处，甚至在很多非正式场合人们常将这两个概念混同使用，但破产重整并不能完全等同于重组，二者在法律含义、自主性、司法保护程度、内容等方面都存在很大差异。依照我国《中华人民共和国税收征收管理法》（以下简称《税收征收管理办法》）第二十八条的规定，税务机关对税收的减免必须依照法律、行政法规的规定进行，由于破产重整并不完全等同于改制重组，而《答复》也并非正式的规范性文件，效力层次很低，从而导致在适用中有不被采纳的可能性，即便勉强适用也可能会存在一些潜在的法律风险。事实上，正因为如此，"在这个问题上税务机关及相关工作人员在作出针对破产重整企业的税收减免及延期纳税的决定时常常显得极为谨慎。"（蒋辉宇，2018）

2.《答复》无法解决破产重整面临的一些特殊税收问题

一方面，虽然适用《答复》在一定程度上可以解决重整过程中重整计划执行阶段与资产重组有关的一些税收政策问题，但重整既可能涉及资产重组也可能涉及债务重组，如果涉及债务重组的特殊税收处理，如重整企业欠缴税款的减免或延缓缴纳问题，因债务豁免而产生的企业所得税问题等就无法适用《答复》；另一方面，在重整计划的表决及批准阶段还可能涉及其他一些特殊税收问题，如重整计划执行完毕后未获清偿的税收债务的核销问题等也无法适用《答复》。

3. 依据《答复》适用的相关税收政策自身也存在着一些缺陷

一是效力层次低，缺乏稳定性和系统性。相关税收政策多以部门文件和个案批复的形式存在，且分散在不同时期、不同层次、涉及不同税种的文件中，不仅效力层次低，变动性很大，而且缺乏系统性。二是政策的适用手续复杂、时间周期往往比较长。重组业务适用税收减免政策主要属于报批类减免税，须按照规定提出申请，并提交相应资料，经具有审批权限的税务机关审批确认后执行（乔博娟，2014）。三是国有与民营的差别对待。很多涉及企业重组的税收政策是针对国有企业改制重组出台的，甚至有些政策是专门对某一个国有企业改制的需要出台的，这些政策仅适用于国有企业或者某个特定的国有企业，大量非国有企业则无法享受。

总之，我国现行企业税制与破产重整制度之间存在着明显的不协调性，尽管在实践中做出了一些努力，但仍未从根本上得到解决。

二、破产重整"抢救"型税制及其构建机理

我国现行企业税制与破产重整制度之间的不协调问题从本质上讲是立法的缺失问题，也必须通过立法完善来加以解决，为此有必要构建一套系统化的破产重整"抢救"型税制。

（一）重整"抢救"型税制及其基本特征

为从根本上解决现行税制与破产重整制度之间的不协调问题，学者从不同角度提出了建议。如有学者从完善《企业破产法》的角度提出应"在破产程序中对国家征税权力进行必要的限缩，包括实体法层面和程序法层面的双重限制，以体现'课税特区'的要求"（徐阳光，2018）；另有学者从完善税法的角度提出"在重整程序中给予债务人税收优惠待遇，包括税收减免、延期纳税等"（蒋辉宇，2018）；还有学者提出"应在比例原则、利益平衡原则的指引下设计多维度规则，为税收债权让步于重整提供合法性、合理性依据"（汪琼欣，2022）。但一方面国家征税权的限缩应由税法而非破产法来实现，另一方面两个制度之间不协调的问题从根本上讲是税收立法的缺失问题，而且是一个系统性的问题，不能仅依赖于简单、分散地制定几项规则，而必须通过完善系统立法来解决。从破产重整制度设立的目的及重整企业的特点出发，应该完善现行税法，从实体和程序两个层面构建一套特殊税制——破产重整"抢救"型税制，以与破产重整制度相适应。

本文所称破产重整"抢救"型税制是指相对于正常经营状态下的一般企业税制而言，为保障重整制度的有效实施而对处于破产重整阶段的企业施行的一种特殊税制。概念使用"抢救"一词主要基于两个方面考虑：一是体现破产重整税制作为重要的配套制度，其设立目的应与破产重整制度对重整企业的"挽救"的目的保持一致；二是强调税收手段作为重整的一种配套措施，各项特殊税收政策的适用必须及时高效，在程序上要更加便捷，否则再好的政策措施如果不及时落实也可能会导致重整失败。在破产法学界，学者普遍将重整与"挽救"一词紧密联系，但从税制研究角度，我们认为"抢救"一词更能够凸显重整税制的目的和特征。具体而言，与一般正常经营企业税制相比，破产重整"抢救"型税制应具有以下特点：

1. 国家征税权应适度限缩

重整是包括投资人、债权人（包括税收债权人）在内的多方当事人参与下对重整企业共同施救的过程。为使重整企业获得重生的机会，债权人（包括税收债权人）都需要不同程度地做出妥协和让步。从这个意义上讲，重整

"抢救"型税制就应该对国家征税权加以适当的限缩,包括对破产案件受理前重整企业所欠的与税收有关的债权作出一定的让步,如对所欠税款本金、利息、滞纳金等的减免或者延缓缴纳,以及破产案件受理后重整计划执行完毕期间新增的税收债权给予一定的优惠等,以体现国家在税收方面对重整企业的支持。在重整税制中对征税权的适度限缩本质上是国家对税制重整的一种间接财政救助。

2. 各项审批程序应更加简便

现行企业税制规定正常经营企业在一定条件下也可以享受一些优惠政策,由于税收监管的要求,除了法定优惠情形以外,要享受这些优惠大都需经过复杂的审批程序或备案手续。但重整税制作为一种"抢救"型税制,各种税收政策的审核批准程序必须更加简便。如果审核程序繁杂,即便政策措施再好,也会因为不及时而耽误最佳"抢救"时机,对重整的有效性产生不利影响,甚至导致重整的失败。

3. 税院之间应密切协调与配合

尽管征税是税务机关和海关的法定职责,但由于重整是人民法院主导下的司法活动,贯穿重整的各个阶段,所以重整的税收征管需要人民法院的协调与配合,这与正常经营企业的税收征管有很大不同。例如,在重整计划草案制订期间,为避免和减少重整的税收风险,需要征税机关提前介入对重整企业进行纳税评估;在破产重整期间,征税机关作为税收债权人的代表参加讨论重整计划草案的债权人会议,对涉及税收减免计划的重整计划草案进行表决,发票的开具,依法豁免的涉税债务的核销等。所有这些都离不开人民法院的协调与配合,否则征税机关的这些活动将无法顺利开展。

（二）破产重整"抢救"型税制的构建机理

构建破产重整"抢救"型税制有其坚实的法理基础。

1. 破产重整属于"课税特区"

在税法理论上,现代国家是存在课税"禁区"的,即"应将人民最低的生活标准当作国家课税权的禁区。"（陈敏,1981）。在此基础上我国一些学者进一步提出了"课税特区"的理论,该理论认为"课税特区是指为保障纳税人的正当权益,征税机关应当慎入（禁入）或者原有税法规则应当做出特别调整的领域"（徐阳光,2018）。破产重整就应属于这类"课税特区"。

（1）这是由重整企业的特点决定的。进入重整阶段的企业与正常经营状态下的企业相比一个突出的特点就是企业已经陷入严重的财务危机,丧失了持续经营的能力。公平原则是税法的一项基本原则,量能课税原则则是税法对公平原则的延伸,即应以纳税人的纳税能力为依据征税,纳税能力大者多纳税,纳税能力小者少纳税,无纳税能力者不纳税（刘剑文,2002）。重整阶段的企业已经无法按照正常经营企业纳税,如果仍然按照正常经营企业对其征税显然有违税法公平原则，不仅如此，就债务公平清偿而言，对其他做出债权让步的债权人而言也有失公平。

（2）这是由重整的有效性决定的。破产重整是包括投资人、债权人（私法之债和公法之债的债权人）等多方参与，在人民法院主导下对重整企业共同施救的过程，既要涉及私法之债的处理，也要涉及税收之债等公法之债的处理。重整的有效性在很大程度上会受到重整（税收）成本的影响。相对宽松的税制可以把重整（税收）成本控制在合理的范围，从而提高重整的效率；反之，如果税制较为严苛则会增加重整成本，从而降低重整的有效性，甚至在某些情况下可能会阻碍重整程序的顺利推进。

总之，无论从重整阶段企业自身特点还是从重整的有效性要求来看，破产重整都不能适用正常经营状态下的企业税制，而应按照"课税特区"对待，即对破产重整适用特殊的税制。

2. 构建破产重整"抢救型"税制是优化营商环境的需要

良好的营商环境是构建高水平社会主义市场经济体制的必然要求，破产（包括重整）制度是市场退出机制的法律保障，其有效性是良好营商环境的重要体现。破产重整的有效性有赖于良好的税制环境。我国传统的破产制度并没有破产重整的概念，所以 1994 年工商税制改革确立的企业税制自然也不可能对破产重整税制作出任何规定。2006 年新的《企业破产法》出台，破产重整制度在我国正式建立，但作为与破产制度存在密切关系的企业税制却未作出任何回应，依然按照正常经营状态对破产（包括重整）各主体进行征税，这在很大程度上制约了我国破产（包括重整）制度的有效实施。这些情况表明，现行《税法》与《企业破产法》之间存在着明显的不协调问题。构建破产重整"抢救型"税制，对重整企业施以特殊税制可以从根本上消除现行税制与重整制度之间存在的不协调问题，从而有利于进一步提升重整的有效性，进一步完善我国市场运行的法治保障，这也是优化营商环境的需要。

3. 对重整企业施以援手也是国家的应尽之责

从公共产品理论角度看，良好的营商环境属于公共产品的重要组成部分，而国家是公共产品的提供者，因此有责任为企业经营创造一个包括税制环境在内的良好营商环境。即当纳税人在正常经营状态下应依法履行纳税义务，但当企业处于极端危难时国家也应及时施以援手。我国台湾学者提出了纳税人生存权理论，认为征税应当以纳税人的纳税能力为依据，需以保证纳税人生存为前提（陈敏，1981）。更有大陆学者据此提出，企业应享有最低限度的存续权（范志勇，2018）。通过对重整企业施以特殊的税制，不但为债务人从事重整提供了必要的物质基础，同时也代表国家明确表达了支持债务人进行重整的积极态度（蒋辉宇，2018）。通过实行特殊税制对濒临破产边缘的重整企业施以援手，不仅是出于道义，更是国家的应尽之责。

4. 对重整企业实行"抢救型"税制符合国家长远税收利益

重整的原动力主要来自债权人（包括普通债权人、税收债权人）可以获得的"重整溢价"，即如果重整的目标得到实现，债权人就可以从重整程序中获得超过破产清算程序的债权清偿（蒋辉宇，2018）。对重整企业实行"抢救型"税制虽然在一定程度上会导致国家短期税收利益的减少，但却有利于税源培育与保护，从而有利于国家长远税收利益；反之，如果仍然按照正常企业进行征税，尽管国家可以获得短期税收利益，但却减少了债务人能够用于重整的实际财产，必然会增加重整的难度和失败的风险，这对国家的长远税收利益是十分不利的。

5. 破产重整特殊税制的域外国家（地区）先例

事实上，对破产重整实行特殊税制在很多国家和地区都有先例。如《美国破产法典》第 11 章与《国内税法典》均规定，排列在有担保的税收之后的其他税收债权，不管税务机关是否同意重整方案，税收都只能延期偿还，不过税收利息不可以免除。《日本公司更生法》规定，在重整计划中裁判所在听取具有征税权人意见的基础上，可以规定 3 年内对征税或换价予以延缓。此外，日本还在《国税通则法》中规定，如果不对到期税款进行适当的减轻或免除，会导致处于债务危机的纳税人营业出现显著困难的，税务部门可以在一定限度内对其所欠税款进行减免。《德国税收通则》规定，当税收债权不适合实现时，税收征管部门即可以部分或全部免除税额。这些域外国家（地区）对破产重整实行特殊税制的先例值得我国借鉴。

三、破产重整"抢救"型税制的基本内容

如前所述，现行企业税制与重整制度之间不协调问题的核心是现行企业税制缺乏对重整税收征管的特殊制度规定，构建重整"抢救"型税制就是要弥补这一制度上的缺陷，这需要在厘清与破产重整有关的税收债权范围基础上，针对不同情况进行系统的制度设计，其基本内容包括在税收实体法层面针对重整不同阶段建立相应的税收债权特殊处理制度，以及在税收程序法层面建立更加简便的特别审批制度。

（一）与重整有关的涉税债权的范围

重整过程中与税收有关的债权除了属于税收债权性质的税款本金以外，还包括税收利息、税收滞纳金、税收罚款及罚金等其他与税收有关的债权，本文统称为涉税债权。从形成时间来划分，这些涉税债权主要包括两部分：一是在破产受理日前因债务人欠税形成的涉税债权；二是在破产受理日后至重整计划执行完毕期间形成的涉税债权。

1. 在破产受理日前因债务人欠税形成的涉税债权

主要包括两部分：一是税务机关已向管理人申报的涉税债权；二是税务机关未向管理人申报的涉税债权。

（1）税务机关已向管理人申报的涉税债权。税务机关一般以截至破产受理日电子税务局显示的欠税金额进行申报。包括债务人欠缴的税款本金、利息、滞纳金。税款本金及利息属于税收债权，依法优先于普通债权，而滞纳金以及因特别纳税调整产生的利息则属于普通债权，不具有优先性。税收罚款和罚金学界普遍认为不应包括在税务机关申报的涉税债权范围内，应当作为劣后债权处理（闫海，2008），而在司法实践中税收罚款被界定为除斥债权，不予清偿。

（2）税务机关未向管理人申报的涉税债权。这部分涉税债权是指重整企业未及时履行纳税申报义务，导致破产受理日之前存在的各种应报未报的欠税，以及由此而产生的利息、滞纳金等。由于这些欠税款未在税务系统中显示，因此税务机关往往难以掌握（张莉等，2022）。这部分涉税债权如果在规定的申报期内查出并确认，税务机关可以依法补充申报；如果不能在规定的申报期内查出并确认则按相应规定处理。

2. 在破产受理日后至重整计划执行完毕期间形成的新增涉税债权

包括执行重整计划以及在破产受理日后至重整计划执行完毕期间债务人继续经营产生的新增涉税债权。

（1）执行重整计划形成的新增税收债权。自人民法院裁定批准重整计划之日起至重整计划执行完毕的期间为重整计划执行期间。在此期间的主要工作是：债务人负责执行重整计划，管理人在重整计划规定的监督期内监督重整计划的执行。执行重整计划新增的税收债务与重整方式的选择有关。在实践中资产重组和债务重组是最常见的方式。如选择资产重组的方式，将涉及对资产进行处置和资产保有环节有关的税收，如增值税、所得税、契税、印花税、土地增值税、房产税和城镇土地使用税等；如采用债务重组方式，则会涉及对债务进行豁免而产生的企业所得税问题。根据《企业破产法》第四十一条第二款规定，这些新增税收债务应属于破产费用。

（2）债务人继续经营形成的新增涉税债权。在重整的整个过程中债务人可继续开展经营活动，产生一些新的纳税义务，并由此形成新增涉税债权。如销售收入、租金收入涉及的增值税及附加税、房产税、土地使用税及滞纳金等。这部分新增涉税债权应为共益债务，由债务人财产随时清偿。

需要指出的是，从破产受理日至清偿日期间因破产受理日前欠税本金未获清偿的部分的税款本金税务系统将继续自动计算滞纳金，但根据国家税务总局《关于税收征管若干事项的公告》第四条的规定，破产受理日至清偿日之间因破产受理日之前产生的税款本金未清偿而新增滞纳金的，应停止计算。因此，这部分滞纳金不应包括在重整涉税债权中。

（二）重整税收特殊处理制度

重整税收特殊处理制度由欠税涉税债权的让步制度、新增涉税债权的优惠制度、未获清偿涉税债权的核销制度组成。

1. （欠税）涉税债权的让步制度

重整涉税债权的让步制度是指对破产受理日前欠税所形成的涉税债权的减免或者延缓缴纳的制度。如前所述，重整涉税债权的让步是国家征税权适度限缩的具体体现。但是涉税债权属于公法之债，其任何减免或者延缓缴纳都必须依据相关的法律、法规进行，而我国现行税法却未有明确的规定，在这种情况下税收债权组在重整计划的分组表决中很难做出实质性让步（徐战成，2018）。因此，有必要在税收法律或者法规层面就重整涉税债权让步作出明确规定，对符合条件的重整涉税债权实行减免或者延缓缴纳。

（1）让步条件及范围。对重整（欠税）涉税债权作出让步应具备一定的条件。结合重整的目的，让步应该至少满足三个基本条件。第一，重整以后债务人的经营应当符合国家产业政策。如果重整以后债务人的经营不符合国家产业政策，属于国家限制或者淘汰的产业，不仅涉税债权让步不具有合理性，而且也会加大重整失败的风险。因此，要获得涉税债权让步，重整后债务人的经营必须符合国家产业政策，属于国家鼓励的行业。重整以后债务人的经营符合国家产业政策是涉税债权让步的最基本条件。第二，债务人重整成功的希望较大。即通过执行重整计划，债务人获得重生的希望较大，有利于税源培育与保护，从而可最大限度地实现国家长远税收利益。如果债务人虽然具备重整条件，但经综合判断重整成功的希望明显不大，则不适用让步。第三，债务人在破产受理日前不存在恶意拖欠税款的行为。债务人在破产受理日前未按规定申报纳税的原因很多，既有过失的原因，如纳税意识薄弱、日常管理缺失、人员流失严重等导致未及时履行纳税申报义务；也有故意的原因，如故意不申报、故意拖欠税款等。如果债务人在此期间存在恶意拖欠税款的，一般也不应适用让步；如果拖欠税额巨大影响到重整进行的，可以采取延缓缴纳的方式适当做出让步。至于让步的范围，我们认为应仅限于征税机关申报的涉税债权，包括重整企业欠缴的税款本金、利息和滞纳金。因债务人在破产受理日前未按规定申报欠税形成的涉税债权，有担保的税收债权不应包括在涉税债权让步的范围之内，至于破产受理日后至重整计划执行完毕期间形成的新增涉税债权可适用重整有关的税收优惠政策进行特殊处理，所以也不应列入涉税债权让步的范围。由于让步涉及国家既得税收利益的减损，所以在适用的条件和范围方面应严格把握。

（2）减免幅度或延缓的期限。涉税债权让步需要遵循比例原则与利益平衡原则，即涉税债权让步应当控制在一定限度内，尽可能减少国家财政利益受损。如果采取的是减免税的让步方式，应该在不构成对各层级审批机关所辖范围内总体税收收入造成大的影响前提下，确定一个最低清偿比例，在不低于该清偿比例的前提下，各涉税债权让步审批机关在规定权限内对重整计划中涉税债权的调整方案进行审批或备案管理；如果采取的是延缓缴纳的让步方式，则可在现行《税收征收管理办法》第三十一条第二款规定的基础上适当延长。结合我国重整实际，借鉴发达国家经验，将重整程序中的延期纳税延长至 6 个月，在延期内未完成重整程序经原批准机关审批再延长 3 个月；涉税数额巨大，债务人确实难以在重整期间全部清偿的，经国家税务总局批准，最长期限可以延长至 5 年。

2.（新增）涉税债权的优惠制度

涉税债权（新增）的优惠制度是指对破产受理日后至重整计划执行完毕期间新增涉税债务实行税收优惠的制度。如前所述，破产受理日后至重整计划执行完毕期间会因为执行重整计划、债务人继续经营等形成新的涉税债权，尽管这些涉税债权从性质上讲属于破产费用或共益债务，不属于破产债务的范围，但也应当纳入重整"抢救"型税制的范围，可考虑针对不同类别的新增涉税债权实行不同的税收优惠政策，以最大限度地保障重整的效率。具体而言，可以对《答复》套用的企业改制重组相关优惠政策进一步完善，在此基础上建立涉税债权（新增）的优惠制度明确适用于重整，以化解目前重整适用《答复》相关政策所面临的法律风险。

3.（未获清偿）涉税债权的核销制度

重整涉税债权（未获清偿）的核销制度是指对重整计划执行完毕后未获清偿的涉税债权予以核销的制度。我国在政策层面建立了对破产清算中未受偿的破产企业欠缴的税款本金、滞纳金、罚款的核销制度，但该项政策对重整计划执行完毕未清偿的涉税债权并不适用，而根据《企业破产法》第九十四条规定："按照重整计划减免的债务，自重整计划执行完毕时起，债务人不再承担清偿责任。"该条所称的"债务"自然也应该包括涉税债务。重整后的企业与重整前企业相比，虽然形式上法律人格没有变动，但投资主体、股权结构、公司治理模式、经营方式等已经发生了根本性的变化，已经是一个全新的市场主体，原企业事实上已经消灭，所以原企业未获清偿的涉税债权应予以核销。

（三）重整税收特殊处理的特别审批制度

涉税债权均属于公法债权，前述的各种特殊处理均需要经过职能部门的审批。但由于重整措施的紧迫性，因而需要在程序层面建立一套更加简便高效的特别审批制度。

1. 特别的审核备案程序制度

依据《税收减免管理办法》的规定，从监管方式上，现行税收减免包括核准类减免和备案类减免。核准类减免税是指法律、法规规定应由税务机关核准的减免税项目，主要适用于政策性减免。纳税人欲享受减免税特殊政策，应按照规定提出申请，并提交相应资料，经具有审批权限的税务机关审批确认。备案类减免是指不需要税务机关核准的减免税项目，主要适用于法定减免。税务机关对备案材料进行收集、录入，纳税人在符合减免税资质条件期间，备案材料一次性报备，在政策存续期可一直享受。可见，与备案类减免相比，核准类减免需提交的材料多、手续较为复杂。涉税债权的让步条件尽量在法律上加以明确，将其纳入备案类减免的程序；对于政策性减免则应通过设置特别的审核程序，大大简化审核流程。

2. 分级审批制度

实行分级审批制度即按照涉税债权的数额划分审批权限，将审批权适度下放给市级税务机关，并由省级税务机关对其进行监督。依照现行税法及有关规定，我国税款的减免和延缓缴纳的审批权一律集中在省级税务机关。这种审批权高度集中的模式对常态下严格税收征管、防止税收优惠被滥用是一种有效的机制，但在涉及重整涉税债权让步的审批时，如果审批权依然高度集中于省级税务机关，则可能对尽快通过重整计划的表决形成阻碍，同时也不利于充分发挥基层税务机关对重整企业的实际状况更为了解的优势。实行分级审批制度，对涉及数额不大，明显符合让步条件的，可由市级税务机关审核批准；对涉及数额大，或市级税务机关对是否符合让步或优惠条件存在争议的，依然由省级税务机关审批核准；由上一级税务机关对下一级税务机关审核权的行使履行监督职能。这样就可以在很大程度上克服目前审批权高度集中导致的前述缺陷。

四、我国破产重整"抢救"型税制的构建路径

（一）涉税债权让步制度的构建路径

涉税债权让步制度是重整"抢救"型税制的重点，也是制度构建的难点，将涉及现行税收法律法规的修改和完善。特别是税收债权与其他涉税债权相比具有优先性，其让步必须要有法律的明确规定。为此，涉税债权让步制度可以通过以下路径加以构建：第一，修改完善《税收征收管理办法》，在第二十八条后面增加一款，明确规定"在破产重整中，破产债务人在破产案件受理日前所欠的税款本金、利息及滞纳金可以适当予以减免"，在第三十一条第二款之后增加一款，对重整涉税债权让步的延期做出特别规定，以从根本上解决重整涉税债权让步法律依据缺失问题。第二，修改完善《中华人民共和国税收征收管理办法实施细则》《税收减免税管理办法》等法规、规章，对涉税债权让步的审核（备案）主管机关、让步条件及范围、程序等作进一步规范和明确，以使重整（欠税）涉税债权让步的法律规定落到实

处。第三，完善税收减免计划的纳税评估制度。完善《纳税评估管理办法（试行）》，在明晰纳税评估的法律性质基础上，① 允许主管税务机关在应管理人或债务人的要求情况下提前介入重整计划的制订，对重整计划进行纳税评估，加强管理与监控。

（二）涉税债务的优惠制度的构建路径

对重整中涉及资产处置和资产保有环节的有关税收，可在现行重组税收优惠政策进一步完善基础上，明确规定可以参照适用于重组。完善的具体措施包括：

1. 取消国有、民营有别的税制差异制度

将国有企业重组的特殊税收政策普遍适用于所有企业的重整。如前所述，我国已经颁布了一些与企业重组有关的特殊税收政策，但这些政策一方面并未明确规定可以适用于重整；另一方面，这些政策一般都仅适用于被撤销金融机构、特定国有企业和四大资产管理公司等。这种做法明显有违公平。因此，从有利于企业重整的角度出发，建议将这些特殊的税收优惠政策普遍适用于所有类型企业的重整。

2. 统一房产税及城镇土地使用税减免制度

尽管《中华人民共和国房产税暂行条例》和《中华人民共和国城镇土地使用税暂行条例》均规定，如果纳税人确实存在缴税困难，可经省级人民政府确定或省级税务机关审核和国家税务机关批准享受的税收减免政策，但这些政策在具体执行时各地并没有一个统一的标准。有的地区将重整期间的企业纳入纳税困难企业名单享受全部减免的税收优惠政策，有的地区则实行部分减免，有的地区则未将其纳入纳税困难企业名单不享受任何减免优惠。进入重整程序的僵尸企业无疑均属于纳税困难企业，因此，建议对其房产税及城镇土地使用税实行法定减免，无须政府确定和批准。

3. 明确重组过程中涉及债务豁免产生的企业所得不予征税

在重整过程中，债权人为了实现企业重整的目的而会选择放弃一定债权利益，依照现行企业重组相关税收政策规定，这部分因债务豁免而产生的利益属于企业"所得"，应该征收企业所得税。但重整毕竟是对破产企业的"抢救"，不完全等同于企业重组，体现在对税收优惠政策力度需求应该更大。如果对这部分利益征税，不仅会加重重整债务人的负担，打击企业重整信心，而且也会对其他债权人、投资人的积极性造成消极影响。相反，如果对这部分债务豁免"所得"不予征税，不但可以为重整留存必要的物质基础，而且也代表国家明确表达对债务人重整支持的积极态度。对债务豁免利

---

① 依据《纳税评估管理办法（试行）》的规定，纳税评估只是税务机关的内部工作管理规定，并非税务行政执法行为。

益不予征税其他国家也有先例，例如美国《国内收入法》规定，债务在纳税人破产时，纳税人的总所得不得包括由于纳税人的债务被免除而获得的数额。对债务人在破产受理日后至重整计划执行完毕期间继续经营产生的新的涉税债权，应按正常企业依法享受有关困难企业相关税收优惠政策。

4. 进一步整合现行改制重组税收优惠政策，提升其效力层次，并明确规定可以适用于企业重整

如前所述，现行改制重组税收政策主要以财政部或者国家税务总局以通知、公告、批复等文件形式下发的，数量众多，内容庞杂，且多是针对个案的税务处理，不仅效力层次低，而且严重缺乏规范性。因此，建议在对这些政策进行系统梳理的基础上，出台统一的规范性文件，提升其效力层次，并明确相关政策对重整的适用。

5. 扩大特定税收债务核销政策的适用范围

明确规定可适用于重整。应在提升国家税务总局《欠缴税金核算管理暂行办法》的效力层次基础上，扩大核销政策的适用范围，明确规定税务机关在按照重整计划受偿税收债权后，可以凭人民法院的裁判文书对仍未清偿的欠税、滞纳金、罚款予以核销，以赋予重整行为行政追责的阻断效果，让重整后的企业彻底卸下包袱、轻装上阵。

（三）需要处理好的三个关系

构建重整"抢救"型税制需要处理好该税制与现行税制、反避税，以及与纳税信用修复之间的关系。

1. 重整"抢救"型税制与现行税制的关系

如前所述，我国现行税制主要是按照企业正常经营状态设计的，而重整"抢救"型税制则是针对企业非正常经营状态下的一种特殊税制设计。但重整"抢救"型税制绝非独立于现行企业税制之外的另外一种税制，而是我国企业税制体系的一个组成部分；重整"抢救"型税制的构建也不是另起炉灶，而是现行企业税制的进一步完善和补充。为此，构建重整"抢救"型税制必须以现行企业税制为基础，并与现行税制相衔接。

2. 重整"抢救"型税制与反避税的关系

构建和实施"抢救"型税制的必要性在于其目的的合理性，即促进更多符合重整条件，具有重整价值的破产企业获得重生。如果该税制缺乏必要的反避税规则，易被一些不良企业利用作为逃避国家税收的途径，则其实施效果将会大打折扣。为此，在破产重整"抢救"型税制的同时，必须建立相关的反避税规则，确保涉税债权让步及各种优惠政策适用的合理性，防止企业假借重整之名，逃避税收，损害国家利益。实现反避税规制目的的核心"在于结合企业资产状况、运营前景等各方条件，与法院、土地、工商、房产等多个部门建立信息交流机制，合作调查，综合判断重整债务人是否具有合理目的。"①

3. 重整"抢救"型税制与企业纳税信用修复的关系

纳税信用是企业被市场认可的重要指标。一般情况下，进入重整的企业的资产状况基本不佳，一旦涉及税收，很容易被纳税机关依法判定为 D 等级而进入纳税"黑名单"。重整企业要恢复实质性的市场竞争力，在涉税方面除了需要专门的"抢救"型税制予以支持以外，纳税信用是否得到修复也很关键。如果纳税信用得不到修复，将直接影响企业业务开展，也很难从银行获得融资，重整企业也就无法恢复实质性的市场竞争力。因此，重整企业纳税信用得到修复也是重整效果实现的重要标志之一。2021 年 11 月 15 日国家税务总局发布了《国家税务总局关于纳税信用评价与修复有关事项的公告》，首次将重整或破产和解企业纳入纳税信用修复申请范围，并就重整企业纳税信用修复的具体标准做了明确的规定，从而结束了我国重整企业纳税信用修复无法可依的无序局面。因此，在充分发挥"抢救"型税制对重整的支持作用的同时，还应注重重整企业的纳税信用修复，为企业重获新生、重新参与市场竞争扫清信用障碍。

五、结　　语

我国现行税制与重整制度之间不协调问题从本质上讲是现行税收立法制度缺失的问题，只有从实体和程序两个层面对涉及重整的税收及其征管进行特殊制度设计，构建一套与重整制度相适应的特殊"抢救"型税制才能从根本上解决。需要特别指出的是，破产重整"抢救"型税制并非脱离现行企业税制框架"另起炉灶"的一种独立的税制，而只是对我国现行正常经营状态企业税制的必要补充，破产重整"抢救"型税制作为针对企业特殊阶段的一种税制，与我国现行正常经营状态企业税制共同构成了我国企业税制的完整体系。同时，构建重整"抢救"型税制是一项系统工程，将涉及包括税收实体法和税收程序法在内的多部法律的修改和完善，因而不能一蹴而就，只能通过在税法的修订和完善中逐步实现。

参 考 文 献

[1] 陈敏：《宪法之租税概念及其课征限制》，法律出版社 1981 年版。

[2] 范志勇：《论企业破产与税收征管程序的调适》，载《河北法学》2018 年第 9 期。

[3] 蒋辉宇：《税收债权组对破产重整计划草案表决通过制度的优化设计》，载《税务研究》2018 第 12 期。

---

① 汪琼欣：《破产重整程序中税收债权的协商与让步》，载《行政与法》2022 年第 5 期，第 74 页。

［4］ 刘剑文：《税法专题研究》，北京大学出版社 2002 年版。

［5］ 乔博娟：《企业破产重整税收优惠政策研析》，载《税务研究》2014 年第 3 期。

［6］ 汪琼欣：《破产重整程序中税收债权的协商与让步》，载《行政与法》2022 年第 5 期。

［7］ 徐阳光：《破产程序中的税法问题研究》，载《中国法学》2018 年第 2 期。

［8］ 徐战成：《企业破产中的税收法律问题研究》，法律出版社 2018 年版。

［9］ 闫海：《新破产法中税收债权问题研究》，载《法治论丛（上海政法学院学报）》2008 年第 2 期。

［10］ 张莉、姚太明、刘军：《破产案件中税收债权相关问题研究》，载《管理与咨询》2022 年第 4 期。

On the "Rescue" Tax System for Bankruptcy Reorganization in China

—Construction Mechanism, Basic Content, and Implementation Path

Xuemei Liu

Abstract: There is a significant in coordination issue between China's current enterprise tax system and the reorganization system, which largely restricts the effective implementation of the reorganization system. To fundamentally solve this problem, it is necessary to establish a set of bankruptcy "rescue" tax system that is compatible with it. The "rescue" tax system for bankruptcy reorganization, in contrast to the tax system of enterprises in normal operation, is a special tax system implemented for enterprises in the bankruptcy reorganization stage to ensure the effective implementation of the reorganization system, and its basic characteristics include the moderate restriction and contraction of the state's taxation power, simpler approval for various items, and close coordination and cooperation between tax authorities and courts. The construction of a "rescue" tax system for bankruptcy reorganization in China is not only based on the objective needs of reorganization practice, but also has its own internal logic, as well as legislative precedents from foreign countries (regions). The basic content: first, to establish a corresponding special tax-treatment systems for different stages of restructuring (including concession systems for tax-related debts and preferential systems for tax-related debts); second, to set up simpler approval procedures for various special tax treatments. The construction of the tax-related debt concession system should mainly be achieved through the modification and improvement of current tax collection and management laws and regulations. The preferential system for tax-related debts, on the other hand, should be realized by expanding and refining existing tax incentives for restructuring and reorganization, while simultaneously establishing corresponding special approval procedures. In addition, the construction of a tax system for bankruptcy reorganization should also properly handle the relationship with the existing corporate tax system, anti-tax avoidance, and the restoration of tax creditworthiness.

Keywords：Bankruptcy Reorganization　Tax System　Tax Claim Concession　Tax Incentives

JEL Classification：G33　G38

《产业经济评论》投稿体例

　　《产业经济评论》是由山东大学经济学院、山东大学产业经济研究所主办，由经济科学出版社出版的开放性产业经济专业学术文集。它以推进中国产业经济科学领域的学术研究、进一步推动中国产业经济理论的发展，加强产业经济领域中海内外学者之间的学术交流与合作为宗旨。《产业经济评论》为中文社会科学引文索引（CSSCI）来源集刊、中国人文社会科学（AMI）核心学术集刊、国家哲学社会科学学术期刊数据库收录集刊、国家哲学社会科学文献中心收录集刊。

　　《产业经济评论》是一个中国经济理论与实践研究者的理论、思想交流平台，倡导规范、严谨的研究方法，鼓励理论和经验研究相结合的研究路线。《产业经济评论》欢迎原创性的理论、经验和评论性研究论文，特别欢迎有关中国产业经济问题的基础理论研究和比较研究论文。

　　《产业经济评论》设"综述"、"论文"和"书评"三个栏目。其中："综述"发表关于产业经济领域最新学术动态的综述性文章，目的是帮助国内学者及时掌握国际前沿研究动态；"论文"发表原创性的产业经济理论、经验实证研究文章；"书评"发表有关产业经济理论新书、新作的介绍和评论。

　　《产业经济评论》真诚欢迎大家投稿，以下是有关投稿体例说明。

　　1. 稿件发送电子邮件至：rie@ sdu. edu. cn。

　　2. 文章首页应包括：

　　（1）中文文章标题；（2）200 字左右的中文摘要；（3）3～5 个关键词；（4）作者姓名、署名单位、详细通信地址、邮编、联系电话和 E-mail 地址。

　　3. 文章的正文标题、表格、图形、公式须分别连续编号，脚注每页单独编号。大标题居中，编号用一、二、三；小标题左齐，编号用（一）、（二）、（三）；其他用阿拉伯数字。

　　4. 正文中文献引用格式：

　　单人作者：

　　"Stigler（1951）……""……（Stigler，1951）""杨小凯（2003）……""……（杨小凯，2003）"。

　　双人作者：

　　"Baumol and Willig（1981）……""……（Baumol and Willig，1981）"

"武力、温锐（2006）……""……（武力、温锐，2006）"。

三人以上作者：

"Baumol et al.（1977）……""……（Baumol et al.，1977）"。

"于立等（2002）……""……（于立等，2002）"。

文献引用不需要另加脚注，所引文献列在文末参考文献中即可。请确认包括脚注在内的每一个引用均有对应的参考文献。

5. 文章末页应包括：参考文献目录，按作者姓名的汉语拼音或英文字母顺序排列，中文在前，Word 自动编号；英文文章标题；与中文摘要和关键词对应的英文摘要和英文关键词；2～4 个 JEL（*Journal of Economic Literature*）分类号。

参考文献均为实引，格式如下，请注意英文书名和期刊名为斜体，中文文献中使用全角标点符号，英文文献中使用半角标点符号：

［1］武力、温锐：《1949 年以来中国工业化的"轻重"之辨》，载《经济研究》2006 年第 9 期。

［2］杨小凯：《经济学——新兴古典与新古典框架》，社会科学文献出版社 2003 年版。

［3］于立、于左、陈艳利：《企业集团的性质、边界与规制难题》，载《产业经济评论》2002 年第 2 期。

［4］Baumol, W. J. and Willig, R. D., 1981: Fixed Costs, Sunk Costs, Entry Barriers, and Sustainability of Monopoly, *The Quarterly Journal of Economics*, Vol. 96, No. 3.

［5］Baumol, W. J., Bailey, E. E., and Willig, R. D., 1977: Weak Invisible Hand Theorems on the Sustainability of Multiproduct Natural Monopoly, *The American Economic Review*, Vol. 67, No. 3.

［6］Stigler, G. J., 1951: The Division of Labor is Limited by the Extent of the Market, *Journal of Political Economy*, Vol. 59, No. 3.

［7］Williamson, O. E., 1975: *Markets and Hierarchies*, New York: Free Press.

6. 稿件不作严格的字数限制，《综述》《论文》栏目的文章宜在 8000 字以上，欢迎长稿。

7. 投稿以中文为主，海外学者可用英文投稿，但须是未发表的稿件。稿件如果录用，由本刊负责翻译成中文，由作者审查定稿。文章在本刊发表后，作者可以继续在中国以外以英文发表。

8. 在收到您的稿件时，即认定您的稿件已专投《产业经济评论》并授权刊出。《产业经济评论》已被《中国学术期刊网络出版总库》及 CNKI 系列数据库收录，如果作者不同意文章被收录，请在投稿时说明。

《产业经济评论》的成长与提高离不开各位同仁的鼎力支持，我们诚挚地邀请海内外经济学界的同仁踊跃投稿，并感谢您惠赐佳作。我们的愿望是：经过各位同仁的共同努力，中国产业经济研究能够结出更丰硕的果实！

让我们共同迎接产业经济理论繁荣发展的世纪！